MONTCALM

DEVANT LA POSTÉRITÉ.

Ln 27
36546

DU MÊME AUTEUR.

De l'enseignement du Droit chez les Romains avant Justinien, discours prononcé à la séance solennelle de rentrée de la conférence Portalis. In-8°, 1883. Aix, Vve Rémondet-Aubin. (*épuisé*).

La Mosaïque d'Admète, découverte à Nîmes le 20 décembre 1883, avec une gravure. In-8°, 1884, Tours. Paul Bousrez. (*épuisé*).

EN PRÉPARATION.

Lettres inédites du chancelier d'Aguesseau et de son fils le conseiller, touchant un projet de substitutions.

Daniel Bargeton, avocat au parlement de Paris, sa vie, ses œuvres, d'après sa correspondance inédite.

Le Sourd-Muet devant la loi Romaine et Française.

TYPOGRAPHIE FIRMIN-DIDOT. — MESNIL (EURE).

MONTCALM

DEVANT LA POSTÉRITÉ.

ÉTUDE HISTORIQUE

PAR

EDMOND FALGAIROLLE,

AVOCAT A LA COUR D'APPEL DE PARIS,

MEMBRE DE LA SOCIÉTÉ FRANÇAISE D'ARCHÉOLOGIE.

PARIS,

CHALLAMEL AINÉ, ÉDITEUR,

LIBRAIRIE ALGÉRIENNE, COLONIALE ET MARITIME,

5, RUE JACOB, ET RUE FURSTENBERG, 2.

1886.

A MON FRÈRE

PROSPER FALGAIROLLE,

MEMBRE DE L'ACADÉMIE DE NIMES

COMME GAGE DE NOTRE PROFONDE AFFECTION.

Paris, le 14 juillet 1886.

Ln27
36546

INTRODUCTION.

Dans les fastes militaires de la France, parmi les guerriers et les héros du dix-huitième siècle, un nom surgit. Nom glorieux pour la patrie française, nom respecté par la fière Albion.

Celui qui le portait conserva toujours à son pays son affection la plus vive. En le défendant toute sa vie, il obéit au plus sacré des devoirs, suivant en cela les traditions anciennes de sa famille, traditions toutes d'honneur et de gloire. Nous tenons à faire revivre aujourd'hui cette mâle figure qui fut, sans contredit, l'incarnation la plus pure de l'honneur et du dévouement. Dans un siècle corrompu, où les sentiments les plus nobles disparaissaient chaque jour, où le patriotisme s'émoussait, où le respect des traditions militaires n'existait déjà plus qu'à titre de souvenir, l'on se plaît à s'arrêter quelques instants devant les héroïques défenseurs de la patrie.

Tous ces martyrs du devoir, qui soutinrent toujours la gloire de nos armes et accomplirent les plus beaux exploits de nos annales militaires, méritent notre admiration nationale; mais, à notre avis, Montcalm est celui qui a le plus de droits à notre souvenir, et nous croyons le moment venu de montrer à la postérité ce qu'il fut et ce qu'il a toujours été jusqu'à sa mort.

En accomplissant cette tâche, nous nous efforcerons de venger sa mémoire de l'indifférence que ses victoires, et sa mort même, rencontrèrent à la cour et parmi ses contemporains.

MONTCALM

DEVANT LA POSTÉRITÉ.

CHAPITRE PREMIER.

Origines de la famille de Montcalm. La terre de Candiac.

Sur les bords du Vistre, à trois kilomètres de la petite ville de Vauvert, chef-lieu de canton important du département du Gard, s'élève le château de Candiac. Construit en 1630 sur une terre assez étendue, et considérable encore, il y a quelques années, par son revenu, ce château flanqué de quatre tours carrées était autrefois entouré d'un village et d'une paroisse connus sous le nom de Saint-Pierre. Le village et la paroisse ont disparu depuis longtemps; seul, le château est resté debout et semble avoir défié le temps et les révolutions. Des dépendances importantes forment avec le château un ensemble de constructions suffisant pour mériter le nom de hameau de Candiac qu'il porte généralement dans la contrée.

La terre de Candiac passa, en l'année 1494, dans le patrimoine de la famille de Montcalm. A cette époque, Marguerite de Joyeuse, fille de Louis II du nom, baron de Joyeuse, devenue veuve de Jean le Forestier, mort sans enfants, et duquel elle avait reçu les terres de Vauvert, de Marguerittes et de Candiac, épousa en secondes noces Gaillardet de Montcalm, maître d'hôtel des rois Charles VIII et et Louis XII, bailli de Gévaudan, gouverneur de Marvéjols, et comme elle n'en eut point d'enfants, elle lui donna, le 15 avril de l'an 1500, avec la terre de Candiac, celles de Vauvert et de Marguerittes.

Gaillardet de Montcalm acquit, en 1503, la portion que possédait Jean de Blauzac sur la terre de Candiac, et en fit hériter son neveu Jean II de Montcalm, seigneur de Sainvéran et de Tournemire. Le parlement de Toulouse, saisi de la réclamation et des prétentions formulées par la maison de Lévis et basées sur un droit de substitution audit héritage, enleva à Montcalm les terres de Vauvert et de Marguerittes, mais lui assura, définitivement, la possession de la terre de Candiac. Aussi voyons-nous, depuis, la terre et le château de Candiac se transmettre sans interruption aux héritiers de Jean de Montcalm (1).

Bientôt au titre de seigneur de Candiac la famille de Montcalm put joindre, grâce à des alliances, des faveurs ou des héritages, ceux de seigneurs de Sainveran, Tournemire, Cornus, Gabriac et tant d'autres. Elle forma alors plusieurs branches, et à côté de Montcalm-Gozon on vit la branche des seigneurs de Montcalm-Sainvéran et celle des seigneurs de Montclus.

Il est inutile d'esquisser la généalogie de cette grande famille; ces détails n'ont rien à faire dans le sujet qui nous occupe et seraient de nature, peut-être, à ralentir l'intérêt de l'œuvre que nous entreprenons d'écrire. Qu'il suffise de savoir que la famille de Montcalm est issue du Rouergue, qu'une grande illustration s'attache à ce nom bien connu et noblement porté.

Nous savons, en effet, par les *Mémoires de Rohan*, que le seigneur de Candiac fut l'intermédiaire choisi par ce duc pour négocier les condi-

(1) Ménard, *Histoire de Nîmes*, t. VIII, p. 623.

tions de la paix de 1629, connue dans l'histoire sous le nom de *paix d'Alais* (1).

C'était, à coup sûr, un grand honneur pour la famille de Montcalm, qui comptait parmi les meilleures et les plus anciennes maisons nobles de nos provinces méridionales. L'on rapporte également que l'un des aïeux maternels de Montcalm, Dieudonné de Gozon, étant chevalier de l'ordre de Saint-Jean de Jérusalem, s'illustra en délivrant, au quatorzième siècle, l'île de Rhodes d'un dragon affreux qui la dévastait depuis longtemps.

Ce trait de courage lui valut la grande maîtrise de l'ordre lorsqu'elle vint à vaquer (2). Sa famille s'éteignit dans celle de Montcalm, au seizième siècle, et c'est depuis cette époque que cette dernière ajouta à son nom celui de Gozon.

C'est dans cette famille déjà glorieuse par tant de titres et de personnages, si digne en quelque sorte de le recevoir, que naquit le marquis Louis-Joseph de Montcalm de Sainveran, le dimanche 28 février 1712, au château de Candiac.

Nous sommes heureux de reproduire ici, en lui

(1) *Mémoires du duc de Rohan.* — Documents originaux et inédits contenus dans le *Bulletin de la Société de l'Histoire du protestantisme français.*

(2) De Vertot, *Histoire des chevaliers de Saint-Jean.*

conservant sa forme et son originalité, l'acte de naissance de Montcalm, complètement inédit :

« L'an mil sept cens douze et le sixiesme Mars,
« Joseph Louis de Montcalm, fils de Mre Louis
« Daniel de Montcalm, Sgr de St-Véran et austres
« lieux, et de dame Marie Thérèse de Castellane, a
« esté baptisé dans l'église de Vauvert, estant né
« le vingt-huitiesme du mois dernier. Son parrein
« a esté Mre Joseph Mathias de Castellane, marquis
« d'Ampus, sa marreine madame Marie de Guil-
« laumont, dame de Vaux. Présens Louis Saporta
« et Mre Joseph François de Castellane soussignés,
« avec Messieurs le père, le parrein et Mme la mar-
« reine, par moi Vincens, curé.

« VINCENS, curé, ST-CHATTES, SAINVÉRAN,
« CASTELLANE D'AMPUS, M. DE GUIL-
« LAUMONT, CASTELLANE D'AMPUS, SA-
« PORTA, signés (1). »

(1) Archives communales de la ville de Vauvert (Gard), reg. G. G. I., f° 193.

CHAPITRE II.

Enfance de Montcalm. — Son frère Candiac. — Les goûts littéraires de Montcalm.

L'enfance du marquis de Montcalm nous est peu connue. Cependant nous savons par des lettres de famille et les mémoires de Dumas, l'inventeur du *bureau typographique,* que son éducation, ainsi que celle de son frère Candiac, fut confiée à ce précepteur intelligent, lettré, et fort estimé par Malebranche, dans l'intimité duquel il avait vécu pendant son séjour à Paris.

Dumas, après de bonnes et solides études, avait obtenu ses grades de licencié, étudié la philosophie, connu les beaux-arts et la musique, sur laquelle il écrivit un traité, resté célèbre alors, et fort oublié de nos jours. Dumas est surtout connu par l'invention d'une méthode originale et sensée qu'il appela son *bureau typographique,* et au moyen de laquelle les enfants apprenaient à lire, à écrire, les langues mortes et vivantes, et jusqu'aux sciences abstraites. Cette méthode fit une véritable révolution en France. Tout le monde voulut la connaître et l'appliquer. L'on s'en servit même à la cour et dans la famille royale; le choix d'un tel précepteur, homme lettré, érudit et d'une grande valeur, eût pu paraître bien osé, si des liens étroits ne l'eussent attaché à la famille de Montcalm. L'on prétend, en effet, que Dumas, né à Nîmes, aurait eu pour père naturel Jean-Louis de Montcalm, seigneur de Saint-Véran et Candiac, et pour mère une veuve du Rouergue (1).

Quoi qu'il en soit, et sans nous attarder à vérifier l'authenticité de ce fait vraisemblable, attesté par quelques contemporains, nous pouvons affirmer que Dumas jouissait d'un grand crédit, d'une faveur immense et d'une amitié vive auprès de la famille de Montcalm.

Nous avons déjà signalé Candiac, jeune frère du marquis de Montcalm, enfant célèbre dont la vie n'eut qu'une durée de sept ans, et sur lequel on fondait les plus vives espérances. C'est pour cet enfant extraordinaire que Dumas créa le fameux *bureau*

(1) L'usage a prévalu d'écrire ainsi Saint-Véran, mais des actes et de nombreux écrits le reproduisent avec l'orthographe que nous lui donnions au début de cette étude.

typographique. Le précepteur s'attacha d'une façon spéciale à son jeune élève qu'il aimait sincèrement et auquel il prodiguait une affection presque paternelle.

Candiac apprit à l'école de cet habile maître, et en peu d'années, le latin, le grec, l'hébreu, sans compter les véritables principes et les plus grandes difficultés de sa langue maternelle. Il possédait l'arithmétique, connaissait la géographie, plusieurs parties de l'histoire profane, sacrée, ancienne et moderne, savait la science du blason. Cet enfant, prodige de savoir et d'intelligence, ne manqua pas que d'attirer sur lui, sur son précepteur et sur sa famille l'attention, les hommages et l'étonnement des savants de Nîmes, de Montpellier, de Grenoble, de Lyon, de Paris (1).

On parla partout de ce génie naissant, l'on se fit part de cette gloire nationale et l'on se pâma d'admiration devant ce jeune rejeton du héros de Rhodes; mais la mort, une mort prématurée et cruelle, l'enleva bientôt à l'affection de sa famille, à l'admiration publique, à la gloire de la France.

(1) *Dictionnaire historique portatif*, t. I, p. 422; Amsterdam, 1774.

Dumas, le précepteur fidèle, se consola difficilement de ce coup fatal, et sa désolation vive et sincère traduisit parfaitement tout le chagrin et la douleur qu'il lui causait.

Le marquis de Montcalm participa à l'éducation de son illustre frère et profita des doctes leçons de Dumas. Il reçut, de plus, les leçons du père Étienne, ex-oratorien de Marseille, qui fit son éducation littéraire, Dumas ne lui donnant que des leçons de sciences et de mathématiques. Profitant des enseignements de ses deux maîtres, Montcalm fit de rapides progrès, plus lents sans doute que ceux de Candiac, et il n'atteignit pas aussi rapidement cette hauteur d'intelligence et de génie à laquelle parvint en quelques années le prodigieux enfant, mais il n'en resta pas moins un élève studieux et plein de talent. Il montra que ses précepteurs ne travaillaient pas dans une terre ingrate et il conserva pendant toute sa vie le goût de l'étude qu'ils avaient su lui inspirer.

Montcalm aimait beaucoup les lettres, il lisait les auteurs grecs dans leur texte, et professait un véritable culte pour Plutarque, qu'il préférait à tous les autres. La vie des héros de l'antiquité, leur caractère viril, leur ardent patriotisme et leurs talents militaires ou civils, étaient bien de nature à frapper et à captiver longtemps une imagination vive et pénétrante comme celle de Montcalm. A côté des âmes solidement trempées que le biographe grec met à nu dans ses œuvres, Montcalm rapprochait les personnages héroïques de Corneille. Il établissait des parallèles entre les grands capitaines de la Grèce et les détenteurs de l'antique vertu romaine, qui, dans *Horace,* s'élèvent par l'amour de la patrie au-dessus des plus tendres affections de la famille. Ce mouvement des passions humaines, tantôt aux prises de la nécessité, tantôt à l'épreuve de la vertu et du courage, ce développement incomparable des situations dramatiques, des caractères et des sentiments, les grandes luttes morales qu'ont à soutenir, à chaque instant, les personnages qu'il met en scène, ont certainement fait de Corneille le plus grand de nos poètes dramatiques.

C'est à cause de toutes ces qualités maîtresses, de ce génie poétique qui anime tout ce qu'il met en lumière, que Montcalm s'éprit vivement des œuvres de Corneille. Aussi nous pouvons conclure que c'est dans ces lectures absorbantes et fructueuses qu'il trempa son âme et fortifia la virilité et la force de son caractère, en s'armant de cette flamme patriotique que l'on aimerait à voir briller dans tous les cœurs.

Ainsi, dès sa jeunesse, Montcalm était prêt à la lutte; il avait appris à acquérir de l'ascendant et de la domination sur lui-même. Viennent les épreuves les plus redoutables, les périls les plus dangereux, les situations les plus difficiles, sa grande âme résistera à tout et son courage ne faillira jamais. La lecture des faits héroïques de l'antiquité fit de lui un militaire, puis un héros. A un pareil brave sera désormais réservée la tâche de défendre l'honneur de la nation française. A ce capitaine naissant écherront des missions toujours ingrates, difficiles et périlleuses; mais il s'acquittera de toutes avec succès, jusqu'au jour où un ordre de la cour de Versailles l'enverra dans l'Amérique du Nord raviver une colonie mourante et lutter contre un ennemi dix fois supérieur en nombre.

CHAPITRE III.

Entrée de Montcalm dans la carrière militaire. — Portrait de Montcalm. — Montcalm est nommé brigadier.

A 14 ans, Montcalm entra dans la carrière militaire, pour laquelle il professait depuis longtemps un goût irrésistible et une passion marquée. Son père encouragea ses nobles et fières ambitions de famille. Dès le mois d'août 1721, il avait été nommé enseigne dans le régiment d'infanterie de Hainaut. A 17 ans, il devint capitaine du même régiment, et à 31 ans, le 6 mars 1743, il fut promu colonel d'infanterie du régiment d'Auxerrois. Montcalm avait servi, pendant sa première campagne, sous les ordres du vieux maréchal de Berwick.

Ses aptitudes, ses connaissances militaires très solides et très approfondies, et surtout sa bravoure, attirèrent l'attention de ses chefs et lui valurent, le 12 avril 1743, la décoration de chevalier de Saint-Louis. A la bataille de Plaisance (13 juin 1746), il reçut trois blessures et s'exposa sans cesse. Son courage fut mis à une rude épreuve, et l'on peut dire que ce jour-là le jeune officier vit la mort de près. Au sanglant combat d'Exiles, il se prodigua tellement et avec tant d'audace que deux blessures, faites par deux coups de feu, furent le prix de son intervention dans la mêlée, mais ne parvinrent point à arrêter son ardeur pour la défense et l'honneur du drapeau attaqué et menacé par les ennemis (1).

C'est sous les traits d'un intrépide héros que se révélait déjà Montcalm ; à un âge surtout où d'autres commencent à peine à connaître et à aimer le métier des armes, il était considéré, lui, comme l'un des braves officiers de l'armée française. Ses chefs l'avaient plusieurs fois remarqué et avaient été unanimes à reconnaître son patriotisme et sa valeur militaire. Montcalm avait dans son physique quelque chose qui trahissait sa nature méridionale. Alerte, emporté, téméraire dans le danger, fougueux dans la mêlée, il accomplissait ces actions d'éclat si utiles à l'entraînement des masses, surtout au début d'une bataille. Doué d'une pénétration d'esprit remarquable, d'un amour violent et

(1) *Statistique du département du Gard,* par Hector Rivière, t. I, p. 540 et suivantes, année 1842.

passionné pour l'étude, il connaissait, après les avoir étudiées à fond, toutes les règles de la tactique militaire, qu'il ne craignait pas d'amplifier ou de changer suivant les besoins du moment et les circonstances dans lesquelles s'engageait la lutte avec l'ennemi; mais ces modifications qu'il apportait dans l'art de la guerre tournaient presque toujours à l'avantage des troupes qu'il commandait et au profit de l'honneur militaire qu'il avait à défendre.

En peu d'années, Montcalm assista à d'innombrables batailles et fit plusieurs campagnes importantes; mais il n'oublia jamais, au milieu des camps, le goût de la littérature qui avait charmé sa jeunesse. Pendant ses rares loisirs, il lisait ses auteurs favoris, étudiait même les langues étrangères, l'allemand principalement. Pendant son séjour en Italie, il avait eu le temps de connaître et de parler couramment la langue de Dante et de Pétrarque. Sa correspondance avec la marquise de Saint-Véran, sa mère, est remplie des détails les plus piquants de sa vie intime. Dans son journal l'on retrouve également la division de son travail (1).

(1) Nous empruntons certains renseignements historiques à l'excellente biographie : *Comme on servait autrefois*, par P. Sommervogel; Paris, Albanel, libraire, 1872.

Pendant la suspension des hostilités, il quitta à plusieurs reprises son régiment pour se rendre à Montpellier et à Candiac. Il eut des années de repos qui lui permirent de visiter sa famille. En septembre 1735, Montcalm fut rappelé subitement du régiment qu'il commandait, et qui tenait garnison en Lorraine, par la mort de son père. Il supporta avec douleur cette perte, et ni l'affection d'une mère bien-aimée, ni, plus tard, l'amour d'une femme adorée, ne parvinrent à le consoler et à lui faire oublier celui qu'il aimait tant.

Dès l'année 1734, Montcalm, dans une lettre qu'il écrivait à son père, exprimait le désir très vif de se marier avec une protestante de Genève dont il avait fait la connaissance. Mais, soit que son père l'ait détourné de cette union, soit que diverses raisons plaidassent contre la jeune fille, dont il voulait, dit-on, opérer la conversion, Montcalm épousa, dans la nuit du 2 au 3 octobre, Angélique-Louise Talon, fille posthume d'Omer Talon, marquis du Boulay, colonel du régiment d'infanterie d'Orléans, et de Marie-Louise Molé (1). Il eut de cette union dix enfants, dont six seulement survécurent. Après

(1) Moréri, *Dictionnaire historique*.

les campagnes glorieuses qu'il avait faites et à la suite des blessures qu'il y avait contractées, Montcalm put rentrer en France et vivre de la vie de famille en goûtant les douceurs du foyer conjugal. Il passa plusieurs hivers à Montpellier et dans son château de Candiac. Il aimait beaucoup les lieux qui avaient été les témoins de son enfance, et sa joie débordait lorsque, entouré de sa chère compagne et de ses tendres enfants, il s'égarait sur les bords fleuris du Vistre (1). Le bruit de l'eau tombant d'une chute éloignée, le chant des oiseaux, la verdure et la beauté du site, l'odeur des fleurs embaumant l'atmosphère, étaient pour lui le bonheur enivrant de la vie. Elles étaient douces, alors, ces trop courtes heures de poésie et d'amour pour ce guerrier habitué à la fumée des batailles et rompu depuis longtemps aux fatigues des camps.

C'était fête à Candiac dès qu'apparaissait le marquis de Montcalm. On l'aimait si profondément, et l'on trouvait si rarement l'occasion de lui prodiguer cette amitié et cette affection vives que la douceur de son caractère et l'aménité de ses ma-

(1) Le Vistre, petite rivière qui descend des collines situées au nord de la ville de Nîmes, traverse la plaine de Vauvert et se jette dans la Méditerranée.

nières savaient inspirer, que, tous, parents, amis, serviteurs, l'entouraient de leur sollicitude et de leur entier dévouement. Pendant son séjour à Candiac, il se rendait très souvent à Vauvert pour visiter le curé de la ville et le seigneur du château. Il conserva un souvenir si profond du modeste ecclésiastique de sa ville natale qu'à plusieurs reprises, pendant la campagne d'Amérique, il recommandait à sa mère, la marquise de Saint-Véran, de donner telle somme au curé de Vauvert pour être affectée à des aumônes ou même à ses besoins personnels.

Montcalm ne connut pas longtemps les douces joies de la famille. Un ordre subit le rappelant à ses devoirs militaires l'obligea d'abandonner tout, famille, pays natal, repos, bonheur, pour aller payer de sa personne et exposer encore sa vie aux coups redoutables de l'ennemi.

Le 19 juillet de l'année 1744, le précepteur de Montcalm, le célèbre et modeste Dumas, mourait au château de Veaujour, chez Mme de Nantia. L'ancien précepteur laissa à son élève quelques livres de philosophie, d'histoire, de physique et de mathématiques, plusieurs manuscrits et certains traités inachevés. Sa fortune précuniaire s'élevait seulement à quatre actions sur la compagnie des Indes. Ainsi s'éteignit dans la pauvreté celui qui aurait pu, grâce à son savoir, à son intelligence et à sa réputation, aspirer aux plus hautes fonctions et désirer les plus beaux honneurs. Mais Dumas était né avec des goûts modestes, et tout dans ses manières, sa conversation, respirait une franche bonhomie et une touchante simplicité.

Le médecin Boindin, désireux d'honorer sa mémoire, composa pour lui une épitaphe superbe (1). Montcalm pleura longtemps son ancien professeur et ami, dont il conserva toujours le souvenir vivant dans son cœur. A Candiac, la mort de Dumas fut un deuil général. La marquise de Montcalm n'oublia point le précepteur de ses enfants, l'ami sûr et zélé de sa famille, et fit dire plusieurs messes à son intention.

Durant sa campagne d'Italie, Montcalm fut informé de la mort de l'un de ses fils. Il écrivit à ce sujet à sa femme une lettre pleine de sentiments affectueux et de paroles résignées et confiantes dans l'avenir.

« Nous avons besoin, ma très chère et bien-aimée,

(1) Moréri, *Dictionnaire historique*.

« disait-il, de nous résigner à la volonté de la Pro-
« vidence, dans une aussi triste occasion que celle
« de la perte de mon fils. J'en suis vivement pé-
« nétré, et comme je connais toute votre tendresse
« pour nos enfants, je crains que cela ne prenne
« sur votre santé. Ménagez-la, et songez que vous
« portez pour remplacer celui que nous venons de
« perdre (1). »

Le brave officier, guéri de ses blessures, alla habiter Paris pendant quelques mois avec toute sa famille. Son alliance avec la fille d'un colonel remarquable et fort estimé dans l'armée et à la cour, sa gloire et sa valeur militaire grandissant chaque jour, l'eurent vite mis en rapport avec tous les grands capitaines de l'époque, et lui valurent en peu de temps toutes les sympathies et l'affection de ceux qu'il devait un jour éclipser.

Montcalm fut présenté au roi Louis XV, qui l'accueillit avec bonté et le remercia de son dévouement à la France. Le 20 mars 1747, le colonel d'Auxerrois était compris dans la promotion des brigadiers sur la proposition même du roi. Nous verrons

(1) Pour toutes les lettres de famille, voir l'excellent ouvrage de P. Sommervogel : *Comme on servait autrefois;* Joseph Albanel, Paris.

plus tard comment ce monarque se souvint des services rendus par Montcalm à la patrie.

Le 16 juillet de la même année, le nouveau brigadier alla reprendre le commandement de son régiment. La guerre, qui suivait toujours son cours sur les frontières de France et de Sardaigne, avec des intermittences de succès et de revers pour nos armes, lui offrit encore l'occasion de se dévouer une fois de plus et de justifier la confiance de ses chefs hiérarchiques. Dès son arrivée à son régiment, il prit part à la fameuse affaire qui eut lieu au milieu des Alpes, sur le plateau de l'Assiette, entre les armées du roi de Sardaigne et les troupes du chevalier de Belle-Isle, qui paya de sa vie son acharnement à résister trop longtemps à l'attaque violente de l'ennemi. Montcalm lui-même ne se retira pas sain et sauf de la mêlée terrible à laquelle il avait assisté. Un coup de feu l'atteignit au front et plusieurs contusions sans gravité le forcèrent à se retirer de la lutte terrible que nos vaillants soldats soutenaient depuis de longues heures. Cette journée fut une défaite pour nos armes. Des milliers de morts et de blessés restèrent sur le champ de bataille et, malgré son héroïsme et sa fougue habituelle, l'armée française fut obligée de battre en retraite et de renoncer à franchir les Alpes. Montcalm reçut l'ordre de se retirer au camp de Tournus et put assister à la levée du siège de Vintimille. De là il se rendit à Nice où il passa l'hiver avec M. de Mirepoix et plusieurs autres officiers généraux, ensuite à Brignoles où il séjourna jusqu'à la fin de la campagne. La paix d'Aix-la-Chapelle lui permit de retourner à Paris dans le courant de décembre 1748. Montcalm ne devait plus revoir son régiment. En effet, à la suite de réformes importantes survenues dans les cadres de l'armée, et après la suppression des bataillons d'infanterie, il fut nommé *mestre de camp* d'un escadron de cavalerie, ayant pour lieutenant-colonel M. de Redmont, l'un de ses meilleurs amis.

CHAPITRE IV.

Montcalm dans les assemblées civiles et militaires. — Ses vastes connaissances. — Sa nomination de commandant des troupes en Amérique.

A partir de l'année 1749, Montcalm quitte la vie agitée des batailles, délaisse un peu le métier des armes et les occupations fatigantes et absorbantes du camp, se consacre entièrement à sa famille et prend soin de l'éducation de ses enfants. Dans la correspondance qu'il entretient avec sa femme, il est édifiant de voir la place immense que ses enfants occupent dans son affection. Cet homme de guerre si rude, si brave sous les armes, aime, à ses heures de repos, à caresser ces jeunes enfants qui sont pour lui les douceurs du présent et l'espérance de l'avenir. C'est pour eux et pour la patrie qu'il vit, qu'il combat, qu'il acquiert de la célébrité et qu'il brûle d'arriver à la gloire. Ce nom qu'ils portent et qu'il leur a transmis est désormais inséparable de l'histoire militaire du pays. Noble par son origine, il a reçu une consécration plus belle et plus glorieuse, la plus durable de toutes, celle, en un mot, qui permet à un inconnu, à un déshérité de la fortune, de prendre rang parmi les illustrations d'une nation guerrière, si, l'occasion aidant, il parvient à accomplir ces traits d'héroïsme et de courage que l'histoire enregistre dans des pages immortelles pour l'honneur de son nom et pour notre gloire nationale.

Montcalm profite de son séjour à Montpellier, en 1750, pour siéger aux états du Languedoc et prendre une part très active à leurs délibérations. En 1755, il assiste aux états du Gévaudan, à Marvejols, en sa qualité de seigneur de Gabriac. Toujours actif et infatigable, Montcalm remplit tous ses devoirs et s'acquitte avec le plus grand soin et un zèle admirable de ses nombreuses fonctions. De temps en temps il s'échappe, pour quelques jours, et se soustrait aux honneurs des assemblées dans lesquelles il a accès, pour visiter son régiment, tantôt caserné à Limoges, tantôt dans d'autres villes. Les questions administratives ne lui font pas oublier les questions militaires, car il est appelé quelquefois à donner son avis sur des mesures de réforme militaire qui sont agitées au sein des assemblées des inspecteurs de cavalerie. Il n'est assurément pas besoin de fournir d'autres preuves pour montrer de quelles marques de sympathie et d'admiration Montcalm était déjà l'objet, soit dans l'armée, soit encore dans les assemblées civiles.

Dans sa retraite, au milieu des siens, il se préoccupe de tout ce qui intéresse, de près ou de loin, l'armée française. La moindre amélioration apportée dans le service militaire attire son attention; en un mot, il étudie et approfondit avec une violente passion toutes les questions militaires. Dans la vie calme et paisible du foyer conjugal, ce guerrier lettré reste le meilleur époux et le plus bienveillant père de famille. Il apprend à ses enfants à lire et à comprendre ses auteurs favoris, ceux-là mêmes qui lui ont inculqué ce vif sentiment du devoir qui grandit de plus en plus avec les dangers qu'il court. Il essaye déjà de faire passer dans l'âme de son fils aîné cette flamme patriotique qui brûle et vivifie son cœur, il développe en lui cette vocation militaire qui est l'apanage de sa famille, et pour laquelle il a lui-même une si violente passion, nous pouvons dire un véritable culte. Et c'est dans ces longues réunions de famille, dans ces causeries intimes, instructives et légères à la fois, que ce jeune enfant s'initie au métier des armes en écoutant le récit des campagnes de son père bien-aimé. Noble exemple, leçon éloquente, touchant épisode de la vie de Montcalm !

En 1752, le seigneur de Candiac n'avait plus que deux fils et quatre filles. C'est dire qu'il avait perdu en quelques années quatre enfants. Sa douleur avait augmenté à la mort de chacun d'eux, mais ceux qui lui restaient encore le dédommageaient largement de la perte des autres. Il avait une véritable sollicitude pour sa nombreuse famille et se préoccupait sans cesse de l'avenir de tous ses enfants. Sa fortune, quoique assez élevée, suffisait à peine aux besoins de tous, mais il se moquait bien de la richesse. Pour lui, l'éducation véritable, celle qui se donne dans la vie intime et toute sentimentale de la famille, était la meilleure part qui devait incomber un jour à sa descendance.

Ses deux fils firent leurs études au collège des Jésuites à Paris, et accomplirent de rapides progrès sous l'œil vigilant de leur père. Montcalm sut toujours leur inspirer le goût de l'étude, les préparant ainsi aux épreuves et aux luttes de la vie. Sa femme, la marquise de Montcalm, s'occupa plus particulièrement de l'éducation de ses filles. La vieille marquise de Saint-Véran, qui ne quittait son château de Candiac que pour se rendre à Montpellier, aimait à recevoir, à caresser et à instruire ses petites-filles, qui lui rappelaient, par leur physique et leur imagination ardente, les traits du noble et courageux officier qui illustrait, à lui seul, toute sa famille.

Mais bientôt l'heure de la séparation sonnera pour notre héros. Il lui faudra quitter, et pour toujours cette fois, sa famille et abandonner sa terre de Candiac. Cette société de Montpellier dans laquelle des liens étroits le retiennent et où il occupe une place si grande, les nombreux amis de Nîmes et de Vauvert, avec lesquels il a passé des mois entiers en partageant leurs goûts, leur existence, tout, en un mot, va être bientôt perdu pour lui et réduit à l'état de souvenir.

Le devoir, ce mot sublime, se dresse devant lui. L'avenir est sombre, indécis, mais glorieux et superbe. La France mutilée a besoin de son bras. Une colonie mourante, dont un ennemi impitoyable et rapace nous dispute les précieux lambeaux, réclame son génie militaire, son patriotisme et son courage. Montcalm est choisi par la cour de Versailles pour défendre le Canada, cette terre lointaine d'où arrivent les nouvelles les plus sinistres et les plus alarmantes.

Un pareil choix ne doit point surprendre, malgré la jeunesse de celui qui en était gratifié. Le ministre d'Argenson connaissait depuis longtemps la valeur militaire de Montcalm, il avait appris les actions d'éclat qu'il avait maintes fois accomplies, et il n'ignorait pas de quelles marques d'affection ses soldats et ses chefs l'honoraient ; aussi pensa-t-il, au moment où un coup décisif allait être porté en Amérique, à en confier l'exécution à ce jeune officier qui entrait déjà dans la gloire.

Le 19 novembre 1755, au moment de quitter Paris pour se rendre dans le midi de la France, Montcalm était allé le voir et s'était entretenu avec lui des nouvelles récentes venues du Canada, de la situation difficile que la défaite du baron Dieskau venait subitement de créer à la colonie française. Les courtes heures qui l'avaient rapproché d'un ministre aussi clairvoyant avaient suffi pour faire valoir ses hautes connaissances et gagner la sympathie de d'Argenson.

A peine arrivé dans sa terre de Candiac, Montcalm fut rappelé à Versailles par une lettre officielle du ministre. Nous détachons les phrases les plus importantes de ce document.

A Versailles, 25 janvier 1756, à minuit.

« Peut-être ne vous attendiez-vous plus, Mon-
« sieur, à recevoir de mes nouvelles au sujet de la
« conversation que j'ai eue avec vous le jour que
« vous m'êtes venu dire adieu (c'était le 19 novem-
« bre), à Paris. Je n'ai cependant pas perdu un ins-
« tant de vue, depuis ce temps-là, l'ouverture
« que je vous ai faite alors, et c'est avec le plus grand
« plaisir que je vous en annonce le succès. Le roi
« a donc déterminé sur vous son choix pour vous
« charger du commandement de ses troupes dans
« l'Amérique septentrionale, et il vous honorera
« à votre départ du grade de maréchal de camp.
« Mais ce qui vous sera encore plus sensible, c'est
« que Sa Majesté vous accordera en même temps,
« pour M. votre fils, l'agrément de votre régi-
« ment. C'est un avancement un peu différent de
« celui de capitaine que vous désiriez avec tant
« d'empressement pour lui, et il faut convenir que
« ce ne sera pas lui qui gagnera le moins au mar-
« ché. Vous n'avez pas, au surplus, un instant à

« perdre pour venir remercier le roi de ses grâces « et de la distinction qu'il fait de vous. L'applau- « dissement que vous en recevrez de la part du « public ajoute encore à la satisfaction que vous « devez en avoir, etc., etc.

Signé : D'ARGENSON.

Dès la réception de cette missive, Montcalm se rendit à Versailles, où il n'arriva qu'à la fin du mois de février. Les préparatifs nécessités par la nouvelle expédition étaient hâtés avec une certaine frénésie, car la cour comme la ville ne s'occupaient que du Canada. Le roi lui-même avait été ému par les revers que ses troupes y avaient éprouvés. Sa Majesté daignait jeter les yeux sur cette lointaine colonie et s'occuper de ses intérêts. Elle ne tarda pas, hélas! à la laisser à son malheureux sort et à l'oublier complètement.

Montcalm avait quitté sa femme, sa mère la vieille marquise de Saint-Véran, avec une certaine émotion, mais aussi avec une grande espérance, celle de les revoir un jour, après s'être couvert de gloire devant l'ennemi. Illusions du soldat qui escompte sur le lendemain et qui ne pense pas assez aux chances de la guerre! Durant son voyage, le nouveau commandant des troupes d'Amérique se mit à lire tout ce qui avait été écrit sur le Canada. Il étudia attentivement l'ouvrage si complet et si éminent du père de Charlevoix, et acquit ainsi des notions exactes et détaillées sur la situation, les mœurs, les avantages du pays qu'il venait d'être appelé à défendre et à conserver à la patrie fran-aise. Il se façonna, en quelque sorte, l'image de cette Nouvelle-France qu'il devait un jour arroser de son sang après l'avoir illustrée par son héroïsme et son génie.

CHAPITRE V.

Le Canada. — Premiers établissements français. — Fondation de Québec. — Lutte contre les Anglais.

Avant de signaler les exploits de Montcalm au Canada et de faire connaître au lecteur les premières victoires que nos armées remportèrent sous ses ordres, il est, croyons-nous, indispensable d'indiquer, de la façon la plus sommaire, ce qu'était en l'année 1756 cette contrée américaine dans laquelle la France luttait si énergiquement. Beaucoup d'historiens et de géographes ont décrit, mieux que nous ne pourrions le faire, cette terre autrefois française. Il est donc inutile de répéter ce qu'ils ont dit sur les premiers établissements fondés au Canada. Que la découverte de ce pays soit due au Vénitien Cabot, ou qu'elle revienne véritablement à Denys et à Verazzani, cela importe peu, à notre humble avis. Cependant nous nous croyons obligé, pour la clarté des faits qui vont suivre, d'esquisser à longs traits les phases les plus importantes de la domination française avant l'arrivée de Montcalm au Canada.

Sous le règne de François Ier, certains explorateurs français, effrayés par le développement incessant que prenaient les colonies espagnoles dans l'Amérique, formèrent le projet d'y établir quelques comptoirs pour le commerce français. Le roi se prêta peu à cette combinaison et cette tentative, assurément très louable, échoua complètement.

Henri IV comprit mieux que son prédécesseur tous les avantages d'une colonie française dans le nouveau monde. Il accorda toute sa protection à Samuel de Champlain, qui explora le Canada, revint en France et fit valoir au roi les ressources immenses que le commerce pourrait en retirer, s'il s'y établissait. Des colons, encouragés par les discours et les récits de l'explorateur français, partirent, peu de temps après, pour cette terre lointaine, à laquelle on donna le nom de la Nouvelle-France (1).

L'élan était donné.

(1) L'excellent et magistral ouvrage de M. Dussieux : *le Canada sous la domination française* (1862, Paris), nous fournit beaucoup de renseignements sur la matière.

Une compagnie de Saint-Malo se fonda en 1604 en Acadie. Des établissements français se créèrent aussitôt sur les principaux points de cette terre américaine, et un village canadien, composé de quelques misérables cabanes de chaume, devint la capitale de la nouvelle colonie française et le centre du commerce. Ce fut Québec (1608).

La Nouvelle-France prit subitement un vif essor. Le commerce des fourrures, assurément très abondant et très lucratif, contribua beaucoup à établir des relations directes et fréquentes entre cette partie de l'Amérique et l'Europe entière. Le cardinal de Richelieu, avec sa perspicacité ordinaire, devina toutes les richesses que renfermait le Canada et comprit quelle nécessité urgente il y avait pour la France à coloniser et à civiliser cet immense pays.

A cet effet il créa, en 1627, la compagnie de la Nouvelle-France, à laquelle il conféra des droits très avantageux en échange de certains devoirs à remplir. De Champlain se trouva naturellement à la tête de cette importante compagnie et employa toutes les ressources de son puissant génie pour son succès. On le nomma gouverneur du Canada. Nous ne voulons pas retracer la vie de ce grand patriote, mais nous tenons à dire qu'il rendit des services incontestables à la colonie par sa douceur à l'égard des indigènes, par ses rapports bienveillants, par sa courtoisie envers tous les colons, et par son ardent patriotisme. Et cependant de Champlain a été longtemps méconnu. Vous chercheriez en vain, lecteur, un souvenir de lui en France, vous ne le trouveriez pas. Aucune place ne porte son nom, aucune statue ne lui a été dressée. Mais il vit dans le cœur des Canadiens, qui ont conservé à la vieille patrie française leur amour et leur admiration. De Champlain a sa place marquée dans l'histoire de la Nouvelle-France, en lettres d'or, et dans ces pages immortelles la postérité apprendra qu'il fut un grand patriote et un grand homme : cela suffit à sa gloire. A mesure que la Nouvelle-France progressait, un ennemi séculaire et redoutable jalousait déjà dans l'ombre ses établissements commerciaux et les richesses de son sol. L'Angleterre s'inquiéta bientôt de nos progrès en Amérique et nous réclama l'Acadie. Puis, en pleine paix, elle brûla Port-Royal (1613) et, voyant que le gouvernement français restait impassible devant cet acte de férocité, en présence de cette violation flagrante de ses droits, elle essaya de s'emparer de Québec.

La ville fut défendue et sauvée, grâce à l'énergie de M. de Champlain qui refusa toute sommation et obligea l'ennemi de se retirer. Le coup fut paré cette fois; mais, à la deuxième passe, les Anglais s'emparèrent de Québec et se rendirent maîtres du Canada en 1629, favorisés par la trahison et la défection de plusieurs colons français que les fonctionnaires et les religieux avaient mécontentés et auxquels on voulait enlever certaines prérogatives inhérentes à leur qualité. De Champlain protesta énergiquement contre l'invasion anglaise et somma le cardinal de Richelieu de faire une démonstration navale en Amérique, et, s'il le fallait même, d'organiser une véritable expédition pour reconquérir le Canada. Le puissant ministre se rendit aux instances pressantes du gouverneur et obtint, en 1632, la rétrocession complète du Canada. La partie n'était que remise pour l'Angleterre.

Cet exemple, qui aurait dû servir et faire changer un état de choses tout à fait vicieux, fut, hélas! vite oublié. A partir de ce moment, le Canada subit diverses vicissitudes et devint le théâtre de longues luttes avec les diverses peuplades qui l'habitaient et que nous ne pouvions soumettre à notre domination. Les Anglais et les Hollandais se mêlaient en outre de la partie, et cherchaient à nous créer, à chaque instant, de nouvelles difficultés avec les sauvages du Canada. Il fallait combattre par tous les moyens possibles le flot toujours montant de la révolte et abattre les prétentions des Iroquois menaçants. L'habileté, la persuasion ne pouvaient triompher de leur résistance, ni amener leur soumission. Et cependant, malgré les soulèvements multiples des Indiens et les difficultés nombreuses qu'elle rencontrait, la colonisation française étendait ses bienfaits dans ce vaste territoire.

La Nouvelle-France devenait une position militaire hérissée de défenses importantes. Les extrémités les plus reculées, les endroits les plus dangereux et les plus douteux pour notre sécurité et notre influence, étaient occupés par nos troupes et rendus inaccessibles aux attaques de l'ennemi. Nous serions arrivés certainement à la pacification complète de cette immense contrée, si une grave raison n'était venue renverser toutes les espérances conçues depuis de longues années et les rêves caressés par tous les habitants de la colonie. Le Canada possédait peu de Français et, malgré les appels nombreux adressés à diverses reprises à la métropole par le gouverneur, la colonie recevait rarement de nouvelles recrues. Il était de toute nécessité, d'y établir sans retard des colons français qui en s'y installant prissent, en quelque sorte, l'engagement formel de vivre au Canada, d'en défricher le sol, de le faire produire, et de fonder en Amérique une postérité française. Ce fut l'œuvre de Colbert, œuvre louable, œuvre patriotique assurément, qui resta incomplète et ne porta pas tous les fruits qu'on pouvait en attendre.

A peu près tous les survivants du régiment de Carignan obtinrent de prendre leur congé, après leur brillante victoire remportée en Hongrie sur les Turcs en 1644, à la condition expresse qu'ils iraient habiter pour toujours le Canada. Les officiers obtinrent de véritables seigneuries, vastes domaines qu'ils administrèrent eux-mêmes, qu'ils firent défricher et sur lesquels ils fondèrent des familles françaises dont les glorieux descendants vivent encore. La meilleure noblesse d'épée eut des représentants et des rejetons qui s'établirent et vécurent définitivement en Amérique, où ils s'adonnèrent à la colonisation et participèrent, pour une large part, à la prospérité de la Nouvelle-France.

Ils étaient, à coup sûr, animés des plus louables intentions et du plus grand patriotisme, tous ces héritiers des plus beaux noms de la France monarchique. La fibre patriotique vibrait dans leur cœur. Exilés dans un nouveau monde, éloignés de leur patrie, ils reconstituaient leur pays d'origine au Canada, en conservant les mêmes usages, les mêmes goûts, le même dévouement, la même langue que dans la métropole qu'ils ne devaient plus revoir. Ils aimaient à se rappeler la mère patrie, cette fille des dieux, cette terre nourricière de héros. Dans leurs réunions de famille, dans leurs conversations de tous les jours, leurs pensées s'envolaient sans cesse vers la France. Profondément pénétrés de la mission qu'ils accomplissaient au Canada et de l'œuvre vraiment nationale et patriotique à laquelle ils coopéraient tous, ils n'éprouvèrent jamais de découragements ni de regrets, et n'exhalèrent, au milieu des circonstances les plus graves et des dangers les plus sérieux, aucune plainte, aucune parole malveillante pour la patrie française qu'ils aimaient sincèrement et à laquelle ils restèrent toujours attachés.

CHAPITRE VI.

Administration du Canada. — Washington, major des milices de la Virginie. — Assassinat de M. de Jumonville.

Les principes de l'administration française furent introduits au Canada, en 1663, par une ordonnance royale. La colonie, désormais gouvernée et régie par les mêmes lois et la même juridiction que la mère patrie, jouit également des mêmes privilèges. Cependant la liberté du commerce et de l'industrie ne lui fut pas accordée, et c'est ce qui contribua beaucoup à sa perte. Cette restriction resta funeste pour la Nouvelle-France. Les colonies anglaises, au contraire, jouissaient d'une liberté commerciale complète; aussi voyaient-elles leur commerce prospérer tous les jours, au détriment du nôtre. Les habitants du Canada, se voyant réduits à demander à la métropole tous les produits manufacturés et les matières premières, éprouvaient, par suite du retard apporté dans les envois, des pertes considérables, et se trouvaient pour la même raison privés d'un numéraire fort élevé qui ne faisait plus retour à la colonie.

Les sauvages, de leur côté, achetèrent pendant très longtemps leurs étoffes et leur eau-de-vie en France; mais à la suite de la liberté commerciale donnée aux Anglais, ils trouvèrent plus avantageux et plus commode à la fois de s'adresser pour leurs divers achats de marchandises à des traitants et à des intermédiaires qu'ils voyaient continuellement parmi eux, et qui étaient à la solde de l'Angleterre.

Des règlements anciens et invariables présidaient à la fabrication des étoffes et des produits fabriqués en France. Leurs tarifs restaient toujours les mêmes. C'était, à coup sûr, ouvrir une porte toute grande à la concurrence anglaise et favoriser l'introduction de tous ses produits dans notre colonie. Les Anglais profitèrent avantageusement de cette situation; ils connurent bien vite les goûts des populations sauvages, et ils s'y conformèrent si rapidement, qu'au bout de quelques années ils ruinèrent presque, par la concurrence de leurs établissements manufacturiers et la modicité de leurs prix, toute l'importation française, si considérable et si avantageuse pour la métropole.

Les fonctionnaires, dont le traitement n'était pas en rapport avec les dépenses excessives auxquelles ils assujettissaient leur train de vie, s'enrichissaient sur les fournitures militaires dont ils avaient seuls le monopole. A cet effet, ils traitaient directement avec des marchands privilégiés et, toujours en se conformant à des tarifs, à des règlements anciens, arbitrairement établis par leurs prédécesseurs et quelquefois modifiés pour leurs avantages personnels, déjouaient ainsi par ces procédés rigoureux la concurrence qui eût été si profitable aux intérêts commerciaux et industriels du Canada. Notre colonie souffrait des spéculations nombreuses et malhonnêtes auxquelles se livraient, en général, les intendants et les fonctionnaires peu scrupuleux qui ne craignaient pas de commettre des indélicatesses et des actes répréhensibles, sur lesquels le gouverneur fermait les yeux, mais qui finirent par être connus et dénoncés publiquement. Ce fut, en partie, la cause de tous nos malheurs au Canada.

L'Angleterre, mise au courant de cette situation déplorable et fâcheuse, attendait patiemment le jour où elle pourrait s'emparer de la Nouvelle-France, qui, disons-le, malgré ses souffrances, se trouvait dans une grande prospérité à cause des richesses nombreuses qu'elle renfermait. Il ne se passait pas d'année sans que des escarmouches ne fussent engagées avec nos voisins. Le traité d'Aix-la-Chapelle, dans l'un de ses articles, ordonnait que le règlement définitif des limites des deux colonies fût confié à l'examen d'une commission spéciale, désirant ainsi faire cesser des démêlés interminables entre les deux puissances ennemies. Mais les colons, excités, harcelés, corrompus même par les fonctionnaires anglais, envahissaient souvent le territoire acadien. Ils se livraient sur les peuplades sauvages de l'Acadie à des excès sans nombre, pillaient, incendiaient les villages et maltraitaient les habitants qui montraient des sympathies pour la France. Ces actes féroces et inhumains, indignes d'un peuple civilisé, mais très usités chez les Anglais, soulevaient l'indignation de nos colons et obligeaient le gouvernement de la colonie française à sévir énergiquement contre les invasions fréquentes des colons virginiens et leurs empiètements sur notre territoire.

La guerre devait fatalement recommencer avec une plus grande intensité de part et d'autre que dans le passé. Il fallait, bon gré mal gré, empêcher l'Angleterre, qui jugeait le moment venu de frapper un grand coup, de s'établir dans les vallées du Saint-Laurent et de l'Ohio, où nous avions construit des forts et des lignes de défense redoutables. Le fort Duquesne principalement fut élevé, à cette occasion, pour déjouer les savantes et habiles combinaisons de Washington, jeune major des milices de la Virginie, déjà très habile, très connu et fort dévoué aux Anglais. Cet officier de vingt ans à peine, doué d'un génie précoce, profita des fonctions de parlementaire auprès des Français pour parcourir, étudier et connaître le pays dans lequel la guerre allait bientôt éclater. Il avait même essayé de s'attacher les Indiens et tous nos sauvages par de séduisantes promesses.

Dès l'année 1754, Dinwidie, gouverneur de la Virginie, commença les hostilités, sans en avoir reçu l'ordre de son gouvernement et à l'insu des autorités françaises. M. de Contrecœur, qui commandait nos troupes, ayant eu connaissance des agissements des ennemis, dépêcha à leur chef un parlementaire, M. de Jumonville, et le chargea de sommer les Anglais d'avoir à évacuer notre territoire. Cet officier allait accomplir sa mission, lorsque dans la nuit du 27 au 28 mai, en traversant les forêts habitées par des sauvages ennemis, il fut assassiné avec sa faible escorte par les troupes du jeune Washington. Non content de permettre la réalisation d'un lâche guet-apens, Washington commanda le feu à ses troupes et tira lui-même sur les Français. Cet acte féroce, cet outrage violent porté aux droits sacrés d'un parlementaire, cet abominable meurtre, contraire à toutes les règles de la guerre, inflige à la mémoire de Washington une flétrissure impérissable. C'est en vain que ce grand militaire, qui, par ses vertus, son énergie et son génie, fit proclamer, en 1776, l'indépendance des États-Unis d'Amérique, a essayé, dans ses mémoires, de se laver de cette tache ineffaçable qui l'avait marqué au front. Toutes les raisons qu'il a fait valoir en sa faveur n'ont jamais pu et ne pourront à aucun prix l'absoudre. Il savait parfaitement que sa victime était envoyée en parlementaire, car elle en avait le caractère et les distinctions suffisantes pour éviter toute erreur sur sa personne. C'est donc volontairement, et non à son insu, comme il l'a prétendu plus tard, que Washington a tiré et fait tirer sur M. de Jumonville et son escorte, assouvissant ainsi sa haine profonde pour la France.

En Angleterre, on a essayé aussi de le justifier, et en faisant l'historique de cet important événement certains historiens ont cherché à démontrer que Washington ignorait absolument que M. de Jumonville vnît à lui en parlementaire. Toutes les preuves que l'on a produites en sa faveur n'ont convaincu personne. Elles démontrent seulement les bonnes intentions des Anglais pour Washington, leur ami dévoué et leur défenseur autorisé à ce moment-là. Les Anglais ont été si souvent coutumiers du fait, qu'il n'y a pas lieu d'insister ni de fournir à l'appui de nos allégations les dires de l'historien Bancroft, la lettre de M. de Contrecœur adressée au gouverneur du Canada, et la missive reçue par l'abbé de Lisledieu, vicaire général de la Nouvelle-France, sur cet événement. Ce dernier document, digne de foi, prouve, de la façon la plus catégorique et à l'aide de témoignages irrécusables, que l'officier français envoyé comme parlementaire portait pavillon, et qu'il avait fait toutes les démonstrations et pris toutes les mesures nécessaires et réglementaires pour prouver le caractère dont il était revêtu. On le voit, toutes ces accusations légitimes sont accablantes pour le grand Washington et le condamnent surabondamment.

La postérité s'est, depuis longtemps, prononcée sur l'assassinat auquel il se livra. Elle l'a jugé comme il le méritait et, dans son impartialité et sa justice, elle a décerné le plus bel hommage au martyr du devoir, au parlementaire assassiné par un ennemi oublieux du droit des gens (1).

(1) Voir : *le Canada sous la domination française,* par Dussieux (Lecoffre, Paris), p. 116, 117 et suiv.

CHAPITRE VII.

Secours envoyés au Canada. — Attitude des Anglais à l'égard des Canadiens. — Défaite de Dieskau.

Le 3 mai 1755, le gouvernement français envoyait au Canada environ 3,000 hommes de troupes, sous les ordres du baron Dieskau. Une véritable escadre, composée de 14 vaisseaux et de 4 frégates, les avait embarqués à Brest et les dirigeait vers l'Amérique, où ils n'arrivèrent qu'après avoir essuyé longtemps le feu de l'ennemi. L'amiral anglais Boscawen croisait aux environs de Terre-Neuve et cherchait à barrer la route à nos vaisseaux, afin d'empêcher les secours qu'ils portaient d'arriver au Canada. La guerre n'était pas encore officiellement déclarée, mais l'amiral anglais n'en bombardait pas moins notre flotte. On dirait réellement qu'il n'existe aucune règle diplomatique, ni de principe international de nature à sanctionner les actes de ce peuple batailleur et sans cesse aux prises avec toutes les puissances des deux mondes. L'Angleterre a pris l'empire des mers par son audace persévérante et son insouciance héréditaire à respecter les traités et le droit des gens; dès qu'une barrière se présente sur sa route, elle la franchit ou la brise. C'est à l'aide de pareils moyens qu'elle parvient à éliminer le plus souvent les nations rivales qui jalousent sa puissance coloniale.

Désireuse de s'emparer définitivement de l'Acadie et de chasser tous les colons français qui l'habitaient depuis de longues années, l'Angleterre fit prêter à tous les habitants de ce pays un serment de fidélité. C'était méconnaître les sentiments des fiers Acadiens, c'était vainement molester un peuple sincèrement attaché à la France, que d'agir ainsi. Les Acadiens refusèrent tous de prêter le serment qu'on exigeait d'eux, et, malgré les massacres et les mauvais traitements auxquels ils se virent exposés, ils ne transigèrent jamais et préférèrent l'exil à l'abandon de leur amour pour la France. Ils quittèrent l'Acadie, leur pays d'origine, mais ils emportèrent avec eux leurs sympathies pour une nation aimée et vénérée par eux. Les Anglais, dans leur générosité magnanime, exilèrent ce peuple de braves, coupable à leurs yeux d'avoir conservé un attachement profond et un souvenir ineffaçable pour leurs ennemis les Français. Débarrassés des Acadiens, ils pensaient s'emparer sous peu du Canada, mais ils comptaient sans le courage et le dévouement de nos colons et des sauvages qui faisaient leur soumission et demandaient à servir dans notre armée. Leur tentative contre le fort Duquesne échoua complètement, et l'armée du général Braddock, vaincue et démoralisée, se vit obligée de battre en retraite et de chercher un refuge dans les eaux limpides de l'Ohio pour se soustraire à la poursuite des Français. Braddock reçut dans la mêlée une blessure mortelle. Une faible troupe de 900 Français ou sauvages canadiens avait suffi pour culbuter près de 3,000 hommes de troupes régulières et aguerries. C'était assurément plus qu'une victoire; c'eût été presque un triomphe, si le brave chevalier de Beaujeu n'eût trouvé la mort dans la lutte avec l'ennemi. L'histoire du Canada est fertile en dévouements et en traits d'héroïsme. Soldats obscurs et offieiers distingués, tous succombent sous les balles ennemies et meurent au champ d'honneur. Mais, à chaque nouvelle chute, nos troupes, loin de s'abattre, loin de perdre leur courage, redoublent d'efforts, d'ardeur, de patriotisme, et triomphent souvent de l'ennemi. La victoire est la récompense due à leur bravoure et à leur énergie.

Ce succès brillant fut malheureusement suivi d'une défaite regrettable, due plutôt à la défection des sauvages enrôlés dans l'armée du baron Dieskau, et corrompus par les émissaires anglais, qu'au découragement de nos réguliers.

Sur les bords du lac Saint-Sacrement, cet officier français attaqua les forces redoutables du colonel Johnson s'élevant à un effectif de 3,000 hommes, les battit en avant de leur camp, et, le 11 septembre, au moment où il s'efforçait de leur enlever la position qu'elles occupaient, il se vit trahi et abandonné par les sauvages. Malgré leur audace ordinaire, malgré leur furie, les vaillants Canadiens plièrent sous le nombre. Un millier d'hommes ne pouvait tenir tête bien longtemps à trois mille. Dieskau fut blessé et son armée mise en déroute. A la suite de cette défaite, un fort s'éleva sur la position de Carillon.

Les Canadiens, exaspérés et désireux de prendre leur revanche sur les Anglais, se répandirent en bandes dans la Nouvelle-Angleterre, où ils causèrent des ravages énormes et se livrèrent à des massacres, à l'insu des autorités militaires du Canada. L'armée française se tint sur la défensive.

Le marquis de Vaudreuil, gouverneur du Canada, et Doreil, commissaire des guerres, écrivirent alors au ministre de la guerre pour lui demander des secours en hommes et en argent (1). Ils firent tous les deux une description complète et exacte de la situation difficile de la colonie, et insistèrent principalement sur l'intérêt qu'il y avait pour la France à envoyer immédiatement de nombreux renforts, afin de défendre le Canada menacé et le soustraire ainsi aux attaques et à l'invasion anglaise.

Le général Dieskau, trahi récemment par les Iroquois, et blessé assez grièvement, devait être remplacé, et le commandement des troupes, au dire des deux chefs, ne pouvait échoir qu'à un officier énergique, capable et dévoué. Une grande disproportion existait entre les forces des deux nations. Nos armées manquaient totalement d'officiers d'artillerie et d'ingénieurs, si utiles pour les travaux de guerre. Les bataillons étaient incomplets, et l'on ne se pressait pas de combler les vides.

(1) Pour toutes les dépêches et lettres adressées par Montcalm et les fonctionnaires du Canada au ministre de la guerre, se reporter à l'ouvrage de M. Dussieux déjà cité.

L'Angleterre, au contraire, recevait constamment de nouvelles troupes, bien préparées pour la lutte et dressées spécialement aux escarmouches habituelles livrées au Canada. Les soldats de la colonie, qui se battaient avec un courage à toute épreuve et digne de tout éloge, privaient l'agriculture de ses bras les plus solides et laissaient ainsi les travaux champêtres en chômage. Les terres n'étaient plus défrichées, le commerce languissait, l'agriculture était en souffrance. Un malaise général envahissait la colonie. La révolte jetait ses plus violents ferments sur les principaux points de la Nouvelle-France. Les levées annuelles plongeaient dans la désolation nos colons, déjà mécontents des agissements des fonctionnaires publics. La tristesse éclatait sur tous les visages et le désespoir envahissait tous les cœurs. Telle était la situation difficile, compromettante et presque désastreuse échue au Canada, lorsque Montcalm parut.

CHAPITRE VIII.

Départ de Montcalm. — Son arrivée au Canada. — Organisation des forces militaires. — Débuts heureux de Montcalm. — Victoire de Chouegen.

Le 21 mars 1756, Montcalm arrivait à Brest. Une agitation indescriptible, un mouvement inaccoutumé, une fièvre générale régnaient depuis plusieurs mois dans cette ville et surtout dans le port. Les préparatifs de départ auxquels se livraient les troupes désignées pour le Canada étaient poussés avec vigueur et attiraient l'attention de tous les habitants. La flotte comprenait trois grands vaisseaux armés en flûte : le *Héros,* l'*Illustre*, le *Léopard,* portant chacun de 60 à 70 canons. Elle avait, en outre, trois frégates de 30 canons : la *Licorne*, la *Sauvage,* la *Sirène*. Dès le 21 et le 26, près de 1,200 hommes, formant l'effectif des troupes, s'embarquèrent pour l'Amérique. La *Licorne,* qui portait Montcalm, ne quitta Brest que le 3 avril, retenue dans le port par les vents contraires. C'était une frégate neuve et fort solide, capable de résister à la furie des flots. Montcalm y avait pris place avec une grande confiance, car elle était commandée par un capitaine de port de Québec, nommé Pélegrin, marin distingué s'il en fut, et rompu depuis très longtemps aux difficultés de la mer. Les deux autres frégates portaient le chevalier de Lévis et M. de Bourlamaque, colonel d'infanterie et ingénieur remarquable. De Bougainville, capitaine de dragons et aide de camp de Montcalm, faisait partie de l'expédition. La traversée fut longue et pénible. De gros coups de vent et une tempête de quelques jours assaillirent la flotte française. Un seul matelot mourut. Presque tout le monde se trouva incommodé par la mer; seul, Montcalm résista à ses coups répétés. On eût dit que ce brave parmi les braves méprisait tous les éléments.

Le 11 mai, la flotte se trouvant au mouillage à dix lieues de Québec, le commandant en chef de nos forces en profita pour donner de ses nouvelles à sa famille. Il écrivit à la marquise de Saint-Véran une longue lettre dans laquelle il racontait ses impressions de voyage avec un luxe de détails piquants. On voyait éclater dans ces lignes, écrites au courant de la plume, la joie de notre héros sur le point de fouler le sol canadien. Et, au milieu de ces plaisirs si goûtés par les voyageurs au terme de leur voyage, Montcalm laissait entrevoir à sa mère les difficultés innombrables auxquelles il allait se trouver exposé. Les conversations qu'il avait eues avec des marins français, vieux lutteurs habitués aux dangers des guerres d'Amérique, l'avaient mis au courant du genre particulier que revêt la guerre sur ce nouveau continent. Montcalm pronostiquait des malheurs sans nombre destinés à fondre sous peu sur la Nouvelle-France. C'est à coup sûr le don des grandes âmes de pénétrer dans l'avenir et de pouvoir connaître ce que les humains ignorent absolument. Ce diagnostic particulier est commun aux guerriers. La veille d'une bataille, ils prévoient souvent les résultats de la lutte et en devinent les conséquences.

Le 13 mai, nos troupes débarquaient à Québec. Dès son arrivée, Montcalm envoya un courrier à M. de Vaudreuil, qui se trouvait à Montréal, et, après s'être remis un peu des fatigues causées par cette longue traversée, il se rendit auprès de lui. L'accueil affectueux et bienveillant qu'il en reçut le toucha profondément.

Le 12 juin, il signalait, dans une lettre importante, ses bonnes relations avec le gouverneur, dont il se voyait comblé de politesses. Il lui reconnaissait de l'autorité et une véritable suprématie dans les affaires de la colonie. Montcalm paraissait content d'obéir aux ordres de M. de Vaudreuil, qu'il avait jugé un peu trop à la légère. Au bout de quelques semaines, il ne tarda pas, en effet, à se persuader que le gouverneur était un homme trop doux et d'un caractère trop faible pour un général. Sa première impression sur lui fut modifiée complètement, et les événements qui suivirent ne firent que le confirmer dans cette opinion, émise souvent, qu'il n'y avait rien à attendre d'une personne aux hésitations faciles et aux tergiversations continuelles.

Montcalm n'eut pas beaucoup de peine à juger la situation du Canada. Sa déception fut grande et sa surprise immense en présence de l'effectif dérisoire de nos forces militaires. 2,000 hommes de milice canadienne, renforcés par une centaine de sauvages, formaient, avec les secours arrivés de France, une armée de près de 4,000 soldats, divisés en 8 bataillons. C'était peu pour défendre une colonie menacée et pour lutter contre les forces bien supérieures de l'ennemi. Mais on espérait toujours au Canada que la cour de Versailles, mise au courant des périls nombreux avec lesquels la colonie était sans cesse aux prises, enverrait un jour des renforts plus considérables. Espérances chimériques et illusoires, confiance déplacée, rêves vainement caressés!

Évidemment la situation était mauvaise et difficile à améliorer. La Nouvelle-France, délaissée par la France, abandonnée à ses administrateurs et à ses propres forces, courait fatalement à sa perte, et l'on se demandait anxieusement, dans le groupe des hommes clairvoyants et sages, quel était le délai à atteindre avant sa ruine. Montcalm, cet officier déjà célèbre, se montrait plein de promesses et ranimait par sa présence le courage abattu, les espérances presque éteintes. Tous les regards se tournaient vers lui. On le considérait comme un envoyé providentiel, un libérateur. On commentait ses premiers exploits guerriers. On proclamait son dévouement, sa fidélité inaltérable à la cause nationale. Les colons, les sauvages eux-mêmes avaient raison de se fier à cette âme loyale, à ce capitaine indompté, à ce courageux défenseur des droits sacrés de la patrie. Son passé déjà glorieux, sa jeunesse, sa bravoure, ses connaissances militaires très approfondies, son patriotisme, étaient pour eux le gage certain d'un avenir meilleur. Avec Montcalm, c'était éloigner la chute si imminente, si inévitable de la colonie. Lui combattant, c'était se couvrir de gloire et remporter des victoires, lutter énergiquement contre un ennemi redoutable et puissant, le repousser pour quelques années et défendre, avec toute l'énergie de la résistance armée, le sol colonial, la Nouvelle-France. Cette défense héroïque, Montcalm la dirigera, il en sera l'âme. Dans cette résistance il déploiera avec opiniâtreté les ressources de son vaste et remarquable génie. Il épuisera son ardent courage et son patriotisme. C'est lui qui prolongera la vie du Canada, comme le médecin habile prolonge les jours de son malade. On lui reprochera son impétuosité, son entraînement; on le traitera d'audacieux, d'imprudent, et ceux-là mêmes qui porteront sur notre héros ces critiques déplacées et injustes seront les premiers à louer sa bravoure, et se verront dans la nécessité de reconnaître et de constater que les victoires remportées par nos troupes sont dues entièrement à cette puissante énergie, à cette vivacité méridionale et vraiment française qui était la qualité dominante de Montcalm.

Montcalm se trouva bien vite face à face avec

les difficultés et les situations embarrassées qu'il avait prévues et auxquelles il faisait naguère allusion.

D'un côté, des entreprises audacieuses, le plus souvent confiées au hasard de la guerre, des positions critiques, des attaques et des retraites difficiles à opérer ; de l'autre, des rivalités incessantes parmi les fonctionnaires, des tiraillements dans les diverses branches de l'administration, sans compter encore les tracasseries causées par les sauvages, avec lesquels il fallait user des plus grandes précautions. Montcalm prétendait que le soldat avait trop d'argent et qu'il voyait autour de lui des exemples contagieux. Les officiers de la colonie n'aimaient point les officiers de terre, et cette antipathie inexplicable et très regrettable devenait funeste pour l'armée et pour la Nouvelle-France.

Un luxe effréné régnait dans la colonie. Les dépenses de plus en plus excessives et folles auxquelles tout le monde se livrait, inquiétaient le gouverneur, qui, par sa faiblesse persistante, n'osait remédier à un état de choses aussi déplorable que dangereux. Montcalm, à qui tous ces vices étaient connus, déplorait en silence le malheureux sort de notre colonie et entrevoyait pour elle, dans un avenir peu éloigné, des dangers sans nombre, des catastrophes épouvantables. Il cherchait par quels moyens on pourrait arriver à la sauver. La lutte qui existait entre l'élément civil et militaire l'attristait profondément; aussi employa-t-il toute sa persévérance, sa douceur, son tact et l'habileté dont il était doué, à réconcilier deux partis puissants et systématiquement opposés qui, formés dans l'ombre, venaient d'apparaître subitement au grand jour.

Ces deux partis compromettaient les bons rapports des colons, et entretenaient dans le Canada les germes d'une animosité dangereuse et de rivalités funestes pour la tranquillité publique.

Une entrevue importante avait eu lieu à Montréal entre M. de Vaudreuil et Montcalm. Tous les deux dressèrent le plan de la nouvelle campagne et arrêtèrent les décisions à prendre pour les opérations militaires.

Trois camps furent créés : l'un à Carillon, situé à quatre-vingts lieues de Montréal; l'autre à Frontenac, à soixante lieues ; le troisième à Niagara, à cent quarante.

Le chevalier de Lévis alla prendre possession du

camp de Carillon, établi autour du fort de ce nom. Montcalm l'y accompagna, et c'est le 3 juillet que ces deux chefs y arrivèrent avec 2,000 hommes, au nombre desquels se trouvaient près de 1,500 réguliers. Montcalm visita dans tous ses détails le fort de Carillon, situé près du lac Champlain; il le trouva en très mauvais état, mal construit, peu solide et trop petit pour contenir les troupes qu'il désirait y installer.

Sur son ordre, on le fortifia, on l'approvisionna, on y établit un hôpital, des magasins à vivres et à munitions. Une garnison solide en prit possession. En même temps, Montcalm faisait des reconnaissances aux alentours du nouveau camp, afin de se rendre compte de la situation stratégique de l'endroit. Des postes disséminés aux environs protégèrent le nouveau camp. Non content d'assurer la sécurité du pays, Montcalm chercha encore à gagner les sympathies ou, tout au moins, la neutralité des sauvages qui l'habitaient. Sa mission terminée, il partit, le 16, pour Montréal, laissant de Lévis et ses soldats maîtres d'une position importante.

La direction du second camp, établi à Frontenac, fut confiée à de Bourlamaque, auquel se joignirent

M. de Rigaud de Vaudreuil, frère du gouverneur du Canada, ainsi que des ingénieurs habiles et expérimentés. 1,500 hommes, recrutés parmi les milices canadiennes et les sauvages, formaient, avec les bataillons de la Sarre, Guyenne et Béarn, l'effectif qui devait occuper le camp de Frontenac et tenter un débarquement auprès de *Chouegen*, fort important défendu par les Anglais et situé sur les bords du lac Ontario.

A quelques lieues du lac, on avait posté un détachement français, ayant à sa disposition une petite flottille destinée à inquiéter les barques anglaises qui circulaient sur le lac. M. de Viliers eut l'habileté de se masquer, un jour, derrière des massifs d'arbres et d'incommoder par la mousqueterie de sa faible troupe les frêles embarcations de l'ennemi. Les sauvages qu'il avait sous ses ordres furent, dans cette circonstance, d'une énergie remarquable et presque téméraire.

Au moment où les barques anglaises, surprises par cette attaque imprévue, voulurent se soustraire par la fuite au feu de nos soldats, les sauvages se jetèrent à la nage, les poursuivirent et en atteignirent quelques-unes qu'ils coulèrent. Cette escarmouche coûta la vie à plusieurs soldats anglais et nous fit faire quelques prisonniers. Mais elle eut un grand résultat, celui de relever le moral de nos sauvages.

Montcalm partit, le 21 juillet, pour Frontenac, où il se trouva au bout de quelques jours de marche pénible. Il visita les défenses naturelles du camp, rechercha les moyens les plus favorables à l'attaque du fort de Chouegen, et fit faire les préparatifs pour cette expédition, dont la réussite pouvait amener la victoire à nos armes.

Le troisième camp, établi à Niagara, sur les bords du Saint-Laurent, dans l'intervalle compris entre les lacs Ontario et Erié, fut occupé par M. Pouchot, ingénieur d'un grand mérite, qui améliora la situation du fort déjà construit en cet endroit.

On le voit, Montcalm, grâce à son génie, venait, par la création de ces trois camps importants, de déjouer les combinaisons des Anglais qui tendaient à nous ravir le monopole du commerce des grands lacs et anéantir les relations constantes entre Québec et les forts de l'Ohio. Évidemment ces trois positions occupées par nos troupes immobilisaient une grande partie de l'effectif militaire, mais leur défense était merveilleusement organisée et préparée pour résister à l'invasion anglaise. Cependant nous ne disposions que de 7 à 8 mille combattants bien disciplinés et dévoués pour mettre en ligne contre les forces nombreuses des Anglais. En face de cette infériorité numérique, il fallait, à coup sûr, beaucoup de courage et une grande confiance dans le sort des armes pour amener la victoire. Le génie de Montcalm y suppléa largement. Pendant plusieurs semaines, le lieutenant général avait parcouru un pays qui lui était inconnu, faisant de longues courses, toujours fatigantes, souvent dangereuses, à travers des bois immenses, au milieu des accidents de terrain, bravant tous les périls, la fatigue, la faim, la soif, voyageant de nuit et de jour, se passant de repos afin de gagner du temps et d'arriver à son but. Montcalm avait manœuvré de façon à attirer l'armée anglaise du côté du lac Champlain et à simuler une défense, espérant détourner par ce procédé l'attention de l'ennemi sur ce point solidement occupé par M. de Lévis et de lui faire dégarnir les fortifications de Chouegen, sur lesquelles il avait les yeux fixés. L'ennemi, trompé par cet ingénieux stratagème et assuré de la présence de Montcalm à Carillon, abandonna presque Chouegen et dirigea ses forces du côté du lac Champlain. Montcalm en était absent et se trouvait à Frontenac.

Le 4 août au soir, il quitte le camp de Frontenac avec les milices, les bataillons de Guyenne et de la Sarre, et se rend à la baie de Niaouré, ayant pour avant-garde des sauvages et des milices commandés par M. de Rigaud de Vaudreuil. Le 10 à minuit, il débarque avec ses troupes à une demi-heure de Chouegen. Cette place importante, que défendaient seulement 1,800 hommes sous le commandement du colonel Mercier, comprenait trois forts : *Ontario*, *George* et *Oswega* ou *Chouegen*; ce dernier, le plus grand et le mieux organisé de tous, était réellement le point important de la place. Les deux autres forts l'entouraient et formaient ses défenses. Le débarquement opéré, Montcalm fit établir une batterie de quatre pièces de 12 qui commencèrent à canonner les barques anglaises dans la matinée du 11. Le 12, nos troupes se livrèrent aux préparatifs du siège et à la confection de gabions, saucissons et autres instruments du même genre, si indispensables pour l'attaque. Alors arriva le régiment de Béarn, avec 30 bateaux chargés d'artillerie et de munitions. Le 13, Montcalm ordonna d'ouvrir la tranchée à 80 toises du fort Ontario et fit commencer l'attaque. L'ennemi riposta par un feu très nourri pendant toute la journée, mais au déclin du jour il évacua le fort, au grand étonnement du colonel Bourlamaque, qui l'occupa aussitôt. Montcalm fit amener du canon et construire une batterie. Une petite rivière séparant l'Ontario du fort Chouegen, M. de Rigaud de Vaudreuil la passa à gué le 14, à la pointe du jour, avec les Canadiens et les sauvages, et coupa les communications établies entre les forts George et Chouegen, malgré la mitraille de l'ennemi. Ensuite il occupa les hauteurs de Chouegen en y établissant une puissante batterie qui ne cessa de lancer des projectiles dans le fort. Le colonel Mercier fut tué, et sa mort jeta le trouble et l'épouvante parmi les défenseurs de la place anglaise. Son successeur fit immédiatement demander à M. de Rigaud de Vaudreuil de faire cesser le feu de ses troupes. L'officier français obtempéra à sa demande, à la condition expresse qu'il se rendrait avec tous ses hommes. Un délai d'une heure lui fut seulement accordé pour faire connaître sa décision. Effrayés par les clameurs bruyantes, les hurlements affreux et les violentes menaces de nos Canadiens et de nos sauvages, les Anglais capitulèrent avant l'expiration de ce court délai. Montcalm resta interdit devant cet acte désespéré. Il avait pensé que l'ennemi opposerait de la résistance et lutterait encore quelques heures. Ce fut le 14 août 1756, à midi, que l'armée française s'empara des fortifications de Chouegen. La situation stratégique de cette place forte était indiscutable; aussi, craignant sans doute les revers de la fortune, Montcalm fit détruire les trois forts qui la composaient. Les sauvages brûlèrent les baraquements, hangars, magasins. Le matériel de guerre fut confisqué et servit à renforcer celui que notre armée possédait déjà.

CHAPITRE IX.

Impression produite par la victoire de Chouegen. — Rivalités entre Montcalm et Vaudreuil. — Mauvaise administration du Canada.

La prise de Chouegen fut une grande victoire pour la France et un premier succès pour Montcalm. Notre jeune héros, à peine arrivé, se couvrait de gloire et s'annonçait comme le pacificateur d'un pays depuis longtemps désolé et ruiné par la guerre, sans cesse en butte aux vexations et aux attaques des troupes anglaises. Il venait de montrer dans ce siège toutes les ressources de son ardent patriotisme. Son audace, cette témérité militaire plus utile parfois que la tactique et les plans de guerre les mieux combinés, lui avait fait prendre des dispositions qui tournèrent à notre avantage, bien qu'elles fussent contraires aux règles ordinaires. 1,700 hommes, 80 officiers, 2 régiments de la vieille Angleterre, des drapeaux, des caisses militaires d'argent, des bouches à feu, des pierriers, des armes, des munitions, des vivres, des bâtiments de guerre, tombèrent en notre pouvoir. 3,000 hommes étaient assurés de leurs provisions de bouche pour un an et pouvaient attendre, sous les ordres de Montcalm, la reprise des hostilités. Les sauvages, enivrés par leur succès, voulurent violer la capitulation de Chouegen, et il fallut la fermeté inébranlable de Montcalm pour les maintenir. Quelques-uns, cependant, se livrèrent au pillage et au massacre. Tous étaient d'avis de tuer les prisonniers faits à Chouegen, mais la vue de l'or qu'ils reçurent des mains de leur chef suffit pour les adoucir et calma momentanément leur fureur. Nous verrons plus tard à quelles violences ils se portèrent.

L'Angleterre était vaincue, et ses solides et puissantes combinaisons échouaient en présence de la défaite que son armée venait d'essuyer. Naguère agresseur redoutable, l'ennemi se voyait obligé maintenant à se tenir sur la défensive et à réparer ses pertes. Les 15 millions perdus dans la journée du 14 étaient sensibles aux enfants de la cupide Albion. Désespérés, terrifiés même par ce désastre inattendu et imprévu, ils pensaient bien arrêter l'ère nouvelle de nos victoires et reprendre sous peu l'offensive.

Montcalm, de son côté, tout en savourant le fruit

de sa victoire, ne se laissait point griser par cet heureux début ; il partit, le 21 août, pour rejoindre le chevalier de Lévis sur les bords du lac Saint-Sacrement, au camp de Carillon, où il arriva le 9 septembre, avec tout le matériel pris à Chouegen, 100 hommes de la Sarre et 600 sauvages destinés à renforcer les forces dont disposait le chevalier de Lévis.

Après avoir inquiété d'abord, défait ensuite quelques détachements anglais établis dans les îles du lac Saint-Sacrement, Montcalm renforça les fortifications du camp de Carillon. Le 27 octobre, il quitta l'armée pour aller s'entretenir avec M. de Vaudreuil, gouverneur du Canada, des avantages de cette première campagne et des dispositions à prendre pour la continuation des hostilités, dans le cas où les Anglais les reprendraient à bref délai. C'est à ce moment qu'éclatèrent, entre ces deux hommes marquants dans la Nouvelle-France par leur situation respective, des difficultés de toute sorte, des tiraillements, des luttes sourdes, des froissements réciproques et des propos de nature à altérer leurs bons rapports et à détruire la parfaite harmonie de leurs attributions.

On a beaucoup écrit à ce sujet en France et au Canada. Certains historiens ont pris parti pour Montcalm, d'autres pour Vaudreuil. Chacun d'eux a fait valoir en faveur de son héros préféré des actions d'éclat, une ligne de conduite en tous points conforme aux fonctions dont il était investi et un inaltérable dévouement à la France, flagellant avec violence les accusations et les calomnies qui avaient osé se produire contre lui. Arrivant après la clôture d'un tel débat, nous n'avons pas l'intention de le rouvrir et de donner libre carrière aux accusations multiples dont Montcalm et Vaudreuil furent accablés. Cependant, sans vouloir assumer plus de responsabilité que n'en comporte le but que nous poursuivons dans cette étude, nous nous voyons obligé de dégager du débat les actes qui incombent à chacun et de montrer au grand jour de quelles jalousies, de quelles machinations, Montcalm fut la malheureuse victime.

Il est grand temps de faire sortir notre héros de l'impasse où certains fonctionnaires, devenus ses ennemis jurés, essayèrent de l'enfermer. Et sans rechercher avec avidité et passion, comme l'ont essayé certains historiens que nous pourrions nommer, à quelles circonstances déterminantes est due la rupture qui survint entre lui et M. de Vaudreuil, nous devons à la vérité de dire que, peu de temps après son arrivée au Canada, après son hardi coup de main donné à Chouegen, au moment même où les Anglais, sentant toute l'étendue et la gravité de leur défaite, étouffaient en eux leur colère et laissaient revivre plus fortement leur haine pour la France, des Canadiens, des Français, en un mot, conspirèrent contre Montcalm, jalousèrent ce capitaine audacieux, pour lequel la postérité n'a que des éloges et de l'admiration. Nous admettons volontiers qu'il y eut des malentendus entre lui et M. de Vaudreuil, mais nous affirmons hautement et sans crainte d'être démenti, que Montcalm par son honnêteté, sa franchise et son talent, gênait énormément des gens médiocres et fourbes qui avaient tout intérêt, pour arriver à leur but, de le faire démériter dans l'estime publique et le mettre ainsi au ban de la colonie. Jalousie et parti pris accueillirent le héros de Chouegen, le défenseur du Canada. Il suffit de lire la correspondance secrète du gouverneur du Canada pour se convaincre jusqu'à quel point lui et son entourage étaient mal disposés envers Montcalm. Ces lignes confidentielles indiquent parfaitement les mobiles auxquels obéissait M. de Vaudreuil. Les abus, les malversations, les faits et gestes des fonctionnaires et administrateurs n'avaient pas échappé à Montcalm, qui s'en plaignit plusieurs fois au gouverneur. Mais celui-ci, animé de bonnes intentions sans doute, n'avait pas la force de caractère nécessaire pour résister à l'influence de son entourage malhonnête et corrompu, qu'il subissait malgré lui.

Le marquis de Vaudreuil était Canadien de naissance. Il avait toujours vécu au Canada; par conséquent il avait pu assister à ses progrès et suivre les agissements des fonctionnaires, en un mot, connaître la situation de son pays d'origine, et au mal naissant infliger des remèdes efficaces, aux hommes pervers et tarés opposer des hommes honnêtes et probes. Pour agir de la sorte, il aurait fallu que le gouverneur fût un homme doué d'une volonté énergique et d'un caractère sans faiblesse. Or tel n'était point précisément M. de Vaudreuil, qui voyait tout et n'osait rien dire, subissant le joug des responsabilités générales. Des historiens canadiens l'ont représenté comme un homme d'un bon sens politique, sachant toujours résister à toute proposition inconvenante, ayant de l'énergie, de l'empire sur lui-même, qualité qui lui permettait de choisir le meilleur parti dans les cas difficiles et désespérés.

Ce jugement fantaisiste, porté sur un homme au caractère faible, est une pure complaisance de la part de ces écrivains, et se trouve démenti et annulé par les lettres nombreuses que des personnages influents et honorables du Canada ont écrites à la cour. Toutes témoignent de la faiblesse du gouverneur, de son incapacité, de son insouciance pour les affaires de la colonie. Quelques-unes l'accusent même de s'être rendu le complice officiel des fautes commises par son entourage.

Tout cela est malheureusement exact, et la preuve de ces assertions a été faite lors du procès de Bigot et de ses complices, sur lequel nous reviendrons. Nous devons dire, toutefois, que ce qui atténue quelque peu les responsabilités du gouverneur, c'est la confiance trop grande qu'il avait accordée à l'intendant Bigot. Cet homme, qui fit plus de mal à la colonie que les Anglais eux-mêmes, prit un tel ascendant sur M. de Vaudreuil, qu'il le soumit à toutes ses volontés et devint le véritable maître du Canada, en même temps qu'il en était le dilapidateur.

Notre colonie n'aurait certainement pas autant souffert, si Bigot et ses complices n'eussent vécu. On est écœuré et l'âme se soulève au récit des méfaits, des vols monstrueux et incalculables que cet homme sans vergogne, sans dignité, sans patriotisme, sans décence même, commit pendant plusieurs années consécutives. Véritable larron de profession, fourbe, faussaire, et persévérant dans sa ligne de conduite, celle d'arriver par tous les moyens possibles à la fortune, Bigot avait déjà fait ses preuves à Louisbourg, où ses rapines multiples soulevèrent l'indignation de la garnison; mais ses protections auprès des seigneurs de Versailles lui valurent de l'avancement, et lui évitèrent le châtiment qu'il méritait. Le Canada était prédestiné, et sa ruine, accélérée par la misère, était l'œuvre de l'infâme Bigot. Et aucune voix n'osait s'élever pour protester contre les agissements de cet homme qui osait tout. Pressurer le peuple, fausser les tarifs, les états; vendre au compte du roi les pelleteries et le castor à vil prix à ses prête-noms, pour opérer et faire des spéculations sur la revente, pour empêcher tous les négociants du Canada qui ne faisaient point partie de sa bande de faire des fournitures à l'État; réaliser de gros bénéfices sur les ouvrages d'argenterie donnés aux sauvages en falsifiant l'alliage réglementaire; refuser aux soldats les subventions auxquelles ils avaient droit, les exploiter ensuite en diminuant les taux officiels; corrompre les officiers commandant les forts, les ingénieurs; faire figurer sur les livres des transports de vivres et laisser l'armée dans la famine; changer une colonie prospère, honnête et intelligente, en une caverne de brigands, de voleurs officiels, de malheureux : telle est l'œuvre qui a immortalisé l'intendant Bigot. Chaque année, il créait quelque nouveau moyen de s'enrichir. Que lui importaient à lui, l'homme considéré par le gouverneur, dans l'intimité duquel il vivait, les besoins de l'armée, les souffrances du peuple, les misères des Canadiens? N'était-ce pas assez de se livrer à ces grandes combinaisons, à cette longue série de vols, de malversations journalières? Arriver à une fortune prodigieuse, en jouir, en faire parade; être adulé par des voleurs et des brigands comme lui; vivre dans l'orgie, la prodigalité malhonnête; gaspiller la nourriture, lorsque les garnisons manquaient de pain : voilà encore l'œuvre de Bigot. Et tout cela se passait sous les yeux de M. de Vaudreuil, qui s'en inquiétait bien un peu, mais qui ne protestait pas, de peur de perdre sa place. Ce général inutile, incapable de dresser un plan de campagne sérieux, voulait se maintenir coûte que coûte; aussi dans ce but faisait-il taire son indignation et ses scrupules, pour laisser éclater son admiration pour Bigot, qu'il savait puissant et très appuyé à la cour de Versailles. Évidemment cette conduite douteuse n'était point digne d'un gouverneur autoritaire et perspicace, et nous sommes de plus en plus étonné de la condescendance des historiens canadiens pour M. de Vaudreuil. M. Doreil écrivit plusieurs lettres au ministre au sujet des abus qui se commettaient chaque jour au Canada. Il signalait à son attention la conduite coupable du munitionnaire, créature de Bigot. Le 30 juillet 1758, il annonce au ministre que la lenteur, l'ignorance et la négligence qui président à toutes les affaires finiront par entraîner la perte de la colonie. Il demande le changement des administrateurs qui ruinent le Canada. M. de Vaudreuil fait faire le fort Carillon à un de ses parents, qui trouve le moyen de s'enrichir à cette construction peu solide et mal bâtie. Un nommé Péan, officier des troupes de la colonie et aide-major de Québec, est vendu à M. de Vaudreuil et à Bigot, ce qui lui rapporte des millions. Le public le sait, le gouverneur feint de l'ignorer et continue à le favoriser en le laissant à la tête du service des subsistances. Bien plus, M. de Vaudreuil fait son éloge au ministre de la guerre, et ose prétendre que c'est l'officier qui connaît le mieux cette colonie et qu'il possède toute sa confiance. L'intendant Bigot agit toujours sans juge, sans contrôle, de concert avec M. de la Porte, commis principal de la marine, qui jouit de la confiance du ministre et qui se trouve être le complice officiel de cet administrateur infidèle. Montcalm lui-même, indigné des rapines nombreuses auxquelles se livraient Bigot et ses amis, déclarait au ministre qu'il n'avait aucune confiance en M. de Vaudreuil, ni en Bigot; il trouve que des empiriques dirigent les affaires de la colonie et que tous les fonctionnaires ne cherchent qu'à faire fortune. Bigot et ses adhérents accaparent les marchandises et les revendent ensuite avec 150 p. 100 de bénéfice.

Les ingénieurs chargés de la construction des forts imitent l'exemple du parent du gouverneur et volent ouvertement. Les marchés, les forges, les outils, les vivres, tout, en un mot, sert de pâture à ces assoiffés d'argent, à ces génies du vol. Pourquoi M. de Vaudreuil, qui, dit-on, était désintéressé et honnête, ne joignait-il pas ses protestations à celles de Montcalm et ne réclamait-il pas comme lui des châtiments pour les coupables? Pourquoi enfin ne suivait-il pas le groupe des gens honnêtes de la colonie, et restait-il dans le clan des exploiteurs, des brigands qui la dévastaient ? Il lui eût été si facile de secouer le joug de l'intendant Bigot et de concourir avec Montcalm, Lévis, Bougainville et Doreil au bonheur et à la prospérité du Canada. Mais le gouverneur était vaniteux, jaloux et faible. Canadien, comme plusieurs fonctionnaires, il n'osait faire prévaloir son autorité sur les actes répréhensibles de Bigot et de ses complices. Qu'il l'ait voulu ou non, M. de Vaudreuil, par son incurie, sa faiblesse, son ignorance même, couvrit de son autorité les actes de Bigot. Il passa pour son complice, son protecteur officiel auprès des honnêtes gens, et par sa conduite coupable participa à la ruine et au désastre du Canada. Et cependant il aurait pu facilement s'entendre avec Montcalm, qui désirait une réconciliation, qui l'exigeait au prix des plus grands sacrifices et dans l'intérêt de la colonie. Le héros, le guerrier, l'homme intègre, oubliait les insultes, les reproches, les attaques du gouverneur. Il pardonnait à Bigot, s'il s'engageait à s'intéresser désormais au sort de nos armes. Mais M. de Vaudreuil se trouvait à la merci de ses subalternes, qui possédaient tous les vices et toutes les audaces. Cet entourage puissant l'étreignait, pour ainsi dire, et l'empêchait de prendre une décision défavorable à Bigot et à ses complices. Les bons rapports qui venaient de reprendre avec Montcalm, la promesse donnée solennellement de vivre avec lui en communauté d'idées et de sentiments, furent vite oubliés et méconnus. L'intendant reprenait le dessus sur sa précieuse victime. Le gouverneur conservait encore son titre, mais cédait, comme par le passé, ses droits à l'infâme Bigot.

CHAPITRE X.

Les Indiens. — Bienfaits de la civilisation française. — Sentiments de Montcalm à leur égard. — Attaques calomnieuses contre Montcalm.

Nous avons mentionné, à diverses reprises, les sauvages qui habitaient la Nouvelle-France, et nous avons constaté de quelle grande utilité ils étaient pour le recrutement de nos milices et des renforts nécessaires à nos troupes régulières. Sans vouloir remonter à l'époque de notre arrivée en Amérique, il est nécessaire d'indiquer ce qu'étaient toutes ces peuplades sauvages qui habitaient le voisinage des grands lacs. De bonne heure, les missionnaires pénétrèrent dans le pays des Indiens et essayèrent, par tous les moyens possibles, de les gagner à la religion catholique. Aux supplications ils joignaient la douceur, méprisant les fatigues de toute sorte, la mort, ne s'attachant qu'à leur mission et cherchant à recruter des amis à la France. Les Indiens résistèrent longtemps à l'influence des religieux et à leurs séductions. Il fallut employer la force pour les soumettre. C'est alors que l'on put s'assurer du courage et de la bravoure de ces sauvages. Ils combattirent avec opiniâtreté pour sauvegarder leur indépendance et conserver leur pays. Ils avaient horreur de l'oppression et appréciaient leur vie errante au milieu de leurs forêts et sur les bords des lacs ou des cours d'eau. Les hommes au *visage pâle* étaient pour eux des étrangers avides et des ennemis qu'il fallait exterminer à tout prix. Les Anglais, eux aussi, essayèrent de soumettre les Indiens, et, afin d'arriver plus facilement à leur but, ils leur procurèrent de la poudre et des armes à feu destinées à nous repousser. L'eau-de-vie qu'ils leur vendirent était pour eux un moyen efficace de séduire les Indiens, de les griser, de les tuer physiquement.

Tout autre fut notre ligne de conduite à leur égard. Désireux de nous les allier, nous usâmes toujours avec eux de moyens avouables, honnêtes et dignes d'un peuple civilisé. La France, cette grande nation, généreuse par excellence, philanthrope, humanitaire, ne pouvait pas gagner les peuples par l'oppression ou la fourberie. Cela répugnait à sa grandeur. C'était en combattant loyalement, en montrant sa bravoure, en ouvrant son cœur aux malheureux, qu'elle devait un jour les amener tous à de meilleurs sentiments pour elle, s'en faire aimer, et combattre avec leur appui la jalouse Albion qui avait essayé de les corrompre pour les avilir davantage. On peut dire, à la gloire de notre patrie, que nos ancêtres n'eurent tous que de nobles pensées en arrivant les premiers à la possession et à la colonisation du Canada, et qu'ils conformèrent tous les actes de leur vie aux traditions élevées et glorieuses de la patrie française. Au moment même où nous luttions contre tous les sauvages du Canada, la France fut saisie d'une indignation légitime en présence des procédés employés par les Anglais à l'égard des Indiens; elle s'en émut et, désireuse de montrer qu'elle combattait pour la civilisation et dans l'intérêt des sauvages, elle ordonna, par un édit du 18 mai 1678, que la vente des spiritueux serait prohibée avec les sauvages et que ceux qui enfreindraient cet arrêt seraient frappés des peines les plus sévères. Mais à mesure que nous entrions dans la voie de l'honnêteté et de la dignité, les Anglais s'en écartaient de plus en plus. Profitant de cette décision désintéressée, et considérant les Indiens comme de véritables bêtes de somme, bonnes tout au plus à être rouées de coups, ils inondèrent leur pays de toutes leurs eaux-de-vie, de plus en plus mauvaises et pernicieuses pour la santé de ces pauvres malheureux. La France accomplissait son œuvre de justice et d'humanité. Désireuse d'achever son entreprise éminente, elle fit déclarer par le cardinal de Richelieu « *que tout Indien converti serait censé et réputé naturel français tout ainsi que les vrais régnicoles* ». En édictant cette loi si favorable aux sauvages, n'avions-nous pas en vue leur triste condition et ne cherchions-nous pas à les tirer de la misère dans laquelle ils vivaient? La France voulait les régénérer par la religion, les éclairer par les bienfaits de la civilisation, faire d'eux des colons honnêtes, des travailleurs placés sous notre protection.

Oui, la France, notre chère patrie, a sans cesse à cœur la dignité humaine. On peut ouvrir pour s'en convaincre toutes les pages de son histoire, on y trouvera toujours vivante et immortelle cette passion pour l'affranchissement des misérables, pour la sauvegarde de leur honneur et de leur liberté. C'est sa mission séculaire, c'est son héritage. Cette mission, elle l'a toujours accomplie, malgré les entraves, malgré les ambitions d'une rivale, malgré les récriminations des puissances opposées à sa grandeur. Elle l'accomplira encore et toujours. Quoi qu'il arrive, la France sera la protectrice-née des faibles et des opprimés, la nation du dévouement et des idées chevaleresques. C'est là sa plus grande gloire, et c'est pour cela qu'elle est supérieure à toutes les nations.

Les Indiens, voyant des hommes au *pâle visage* venus des extrémités inférieures du Saint-Laurent, comprirent bien vite qu'ils avaient devant eux les envoyés d'un grand peuple, les mandataires d'une nation généreuse. Notre bienveillance pour les prisonniers, unie à une force à toute épreuve pour la guerre, les frappa et les séduisit à la fois. Notre caractère aventureux et chevaleresque plut à ces habitants des grands lacs, parce qu'il s'harmonisait sans doute un peu avec le leur. Ils aimaient nos manières franches, notre loyauté à exécuter les promesses faites, notre courage. Dans les diverses luttes qu'ils engagèrent avec nous, ils purent se convaincre que nous leur étions supérieurs, et cette supériorité qu'ils nous accordèrent était pour nous un titre de plus à leur amitié et à leur alliance. Tous ne vinrent pas à nous, c'eût été presque impossible. Mais les peuples les plus voisins de nos établissements se rapprochèrent de nous. Ils abandonnèrent leurs forêts, leurs cabanes, et vinrent s'établir, à titre de *domiciliés*, sur les rives du Saint-Laurent. Ils formèrent des villages qui subsistent encore, et constituèrent pour le Canada de nombreuses familles qui lui restèrent dévouées. Beaucoup de tribus firent leur soumission; d'autres, et ce fut le plus grand nombre, résistèrent longtemps et continuèrent à opposer une vive résistance à nos efforts. Elles déployèrent dans la lutte leur énergie, leur dédain pour la mort, et affirmèrent bien haut leur amour pour leur indépendance. Soudoyées par les Anglais, encouragées par les Hollandais, elles causèrent à la Nouvelle-France de très grandes pertes, mais elles ne la vainquirent jamais.

En 1701, un traité fut conclu à Montréal. 38 députés de toutes les nations sauvages vinrent faire leur soumission. Le Canada fut entièrement pacifié. Des fêtes solennelles eurent lieu à cette occasion. On accueillit avec honneur et enthousiasme les représentants indiens, qui déclaraient au nom de leurs nations que désormais ils étaient à nous de cœur. L'ère de prospérité et de grandeur était arrivée pour le Canada. Elle aurait toujours duré, si la colonie n'eût été entre de mauvaises mains. Mieux administrée, plus favorisée et soutenue davantage par la métropole, la Nouvelle-France aurait résisté aux luttes des Anglais, aux appétits voraces de quelques ambitieux, et à toutes sortes de rivalités intérieures.

Montcalm avait appris, par la lecture de l'ouvrage du père Charlevoix, en combien de peuplades se divisait la grande famille des Peaux-Rouges. Il avait étudié attentivement les divers groupes disséminés sur les deux rives du Saint-Laurent, sur les bords et aux environs des grands lacs. Il connaissait aussi toutes les souffrances endurées par ces malheureuses populations indiennes pendant les guerres avec les Français. Les mœurs, les habitudes guerrières, le courage, les sens subtils, les ruses des sauvages, lui étaient familiers; aussi comprit-il, dès son arrivée au Canada, tous les avantages de leur alliance. Les Iroquois, surtout, et les Hurons devaient être pour lui de précieux auxiliaires dans les combats qu'il allait soutenir contre les Anglais. Leur pays, tout couvert de forêts épaisses, rempli d'obstacles, n'était pas facile à traverser sans éclaireurs. Les Iroquois passaient pour être de très bons rameurs et d'excellents tireurs. La vie nomade qu'ils menaient avait beaucoup contribué à développer chez eux ces deux qualités maîtresses que Montcalm devait employer à notre avantage. Ils possédaient un vaste territoire compris entre les lacs Ontario et Champlain, fertile, couvert de villages nombreux, et assez peuplé. Leurs mœurs indépendantes et libres formaient, dans cet immense pays, comme une grande république à la mode européenne, très curieuse au point de vue administratif et politique.

Cependant ces peuples, qui approchaient de la civilisation, possédaient encore à cette époque des instincts de férocité qui leur faisaient commettre des actes horribles sur les prisonniers de guerre. Pour s'aventurer chez eux, il fallait du courage. Ces natures féroces étaient souvent inabordables, toujours intraitables. Et cependant Montcalm ne craignit pas de parcourir tout leur territoire avant la prise de Chouegen. Ils furent émerveillés de voir ce bel officier prendre leurs habitudes, s'asseoir au milieu d'eux, les caresser, les flatter, revêtir leur costume, se barbouiller comme eux, se regarder dans leurs miroirs.

Montcalm les fascina du regard, les attira à lui, au point de recevoir continuellement des députations, des visites de toute sorte, des colliers et d'autres présents. Cet homme ardent et facilement impressionnable se faisait violence chaque fois qu'il se trouvait sous un toit indien. La compagnie étrange de ces sauvages n'était pas faite pour un si grand chef, et cependant il la recherchait tout de même, parce qu'il y allait de l'intérêt de la colonie et de la France. Montcalm ne connaissait que son devoir et ne cherchait que les occasions de l'accomplir avec avantage et dignité. Aussi il pourra écrire un jour à la marquise de Saint-Véran, sa mère, « *qu'il est un général estimé, respecté, aimé, jalousé, haï, haut, souple, difficile, liant, poli, dévot, galant* ». *Aimé, respecté, estimé*, il l'était assurément par tous ses soldats et par la majeure partie des habitants du Canada. *Jalousé, haï;* que de fois il eut à constater les menées sourdes et odieuses ourdies contre lui! N'était-il pas haï par le gouverneur lui-même, par Bigot, par les complices de ces deux hommes, par tous les fripons et les aventuriers qui dirigeaient le groupe des malhonnêtes gens de la colonie. *Liant, poli,* il le fut assurément avec les sauvages, dont il sut conquérir la sympathie. « J'ai jusqu'à présent, écrit-il, le 20 juillet 1756, réussi chez le Canadien et le sauvage; ils m'adorent, et j'ai été obligé d'annoncer mon retour à Carillon pour empêcher la désertion des sauvages qui m'avaient suivi; j'ai pris leurs façons, et je suis toute la journée à tenir des conseils de guerre ou bien à fumer; c'est cependant ennuyeux, excédant. » Quant aux Canadiens, il les jugeait à leur juste valeur lorsque, dans une lettre du 28 août 1756 au ministre de la guerre, il disait : « C'est une troupe qui ne connaît ni discipline ni subordination; j'en ferai dans six mois des grenadiers, et actuellement je me garderais bien d'y faire autant de fond que le malheureux M. de Dieskau y en a fait, pour avoir trop écouté les propos avantageux des Canadiens, qui se croient sur tous points la première nation du monde; et mon respectable gouverneur général est né dans le pays. Les Canadiens sont contents de moi; leurs officiers m'estiment, me narguent, et voudraient bien qu'on pût se passer des Français et de leur général, et moi aussi. » Montcalm connaissait, évidemment, l'esprit des Canadiens et ne se méprenait pas sur leurs sentiments à son égard; mais, en officier de valeur, en militaire consommé, il pouvait, mieux que tout autre, porter un jugement exact sur eux. Il avait souvent manifesté au gouverneur ses appréciations sur les Canadiens et s'était inquiété en sa présence de leur dédain pour les soldats venus de France. Assurément le gouverneur, qui était leur chef et leur compatriote, prenait parti pour eux et épousait toutes les querelles qui survenaient entre les officiers. Montcalm cherchait à les apaiser au contraire, et à concilier tout le monde; mais tout le zèle qu'il déployait, tout le patriotisme dont il faisait preuve dans ce but, se heurtait au mauvais vouloir de M. de Vaudreuil, entièrement gagné par les officiers canadiens. C'est pour cela que Montcalm était faussement calomnié par lui. C'est pour cela que le gouverneur écrivait au ministre que le lieutenant général était dur, brutal avec les Canadiens et les sauvages. Il allait jusqu'à dire que, doué d'un tempérament très vif, Montcalm se portait à l'extrémité de frapper les Canadiens. Mensonges et erreur profonde, mauvais vouloir, parti pris du gouverneur! Comment oser dire que Montcalm était brutal pour les Canadiens, lui qui en était aimé et respecté, qui avait su relever leur insuffisance militaire, les conduire à la victoire, les grandir dans l'estime publique et aux yeux des Anglais, nos pires ennemis, lui le héros du Canada qui donna tout pour le sauver; lui, dur pour les sauvages, lorsqu'il prenait leurs habitudes, leur costume, et, s'armant de patience, restait des heures, des journées entières avec ces êtres grossiers, souvent difformes, sales et repoussants? Allons donc, le gouverneur se faisait l'écho lamentable d'ennemis prévenus et fanfarons! C'était l'intendant Bigot qui lui dictait sans doute ses lettres, et lui infusait la haine profonde qu'il avait pour Montcalm, dont la présence au Canada gênait toutes ses combinaisons, en dévoilant ses fautes et en démasquant, devant l'armée, les vols et les brigandages auxquels lui et sa bande se livraient tous les jours. Les historiens canadiens ont poussé l'audace et la complaisance pour M. de Vaudreuil un peu trop loin, lorsqu'ils ont fait honneur au gouverneur de toutes les entreprises glorieuses qui ont signalé les armées françaises. C'est vainement qu'ils ont essayé de faire accroire à la postérité que la prise de Chouegen est son œuvre. Encore un peu plus d'audace, et ils auraient affirmé que le gouverneur s'empara de cette place. La postérité n'en croit rien : elle a déjà admiré l'œuvre de Montcalm, elle a salué cette première victoire amenée à nos troupes par son habileté, sa conception ingénieuse et son courage. Il ne faut pas que l'on essaye de travestir l'histoire et d'en faire un roman fantaisiste. Les faits sont encore vivants par leur véracité et leur éloquence, et personne n'a le droit ni le prétendu devoir de les changer ou de les parodier. C'est en vain que l'on essaye encore de rabaisser le mérite de Montcalm et de le faire dépendre du marquis de Vaudreuil, de cet incapable, de ce timide, qui se figurait que tout le monde lui ressemblait.

Montcalm avait tellement charmé les sauvages, qu'il les convia au siège de Chouegen. Ils y vinrent tous et s'y conduisirent de la façon glorieuse que nous connaissons. A part leur furie, ils aidèrent puissamment à nos troupes et montrèrent, en cette circonstance, que c'était bien agir que de placer notre confiance en eux. La victoire de Chouegen fut salutaire; pour nous elle jeta un lustre nouveau sur nos armées et contribua beaucoup à affermir nos relations avec les sauvages. Jusqu'à ce moment, ils avaient incliné vers nous sans abandonner cependant les Anglais, dont ils recevaient toujours des présents, et surtout de l'eau-de-vie. A partir de ce moment, ils vinrent à nous en foule, émerveillés par notre victoire, séduits par notre bravoure, nous voyant forts et courageux, capables non seulement de résister à nos ennemis, mais encore de les battre.

Les colons anglo-américains étaient dans la consternation depuis cette victoire. Ils méprisaient encore davantage que par le passé les Indiens, *ces chiens de guerre,* comme ils les appelaient. Nous verrons, plus tard, de quelle utilité ils furent pour nous, et comment ils se vengèrent du mépris et des mauvais traitements que les Anglais leur témoignaient sans cesse.

CHAPITRE XI.

Voltaire et Mme de Pompadour. — Hiver rigoureux. — La société de Québec et de Montréal. — Luxe et plaisirs effrénés. — Excès de Bigot et de ses amis. — Conduite de Montcalm. — Ses souffrances morales. — Sa mésintelligence avec le gouverneur et les fonctionnaires. — Prise du fort William-Henry.

Montcalm se préparait à la lutte en recherchant l'alliance des Indiens, qu'il avait su émerveiller par sa bravoure et ses premiers succès. Mais il fallait attendre la belle saison pour recommencer les hostilités. La paix que M. de Lévis proposait avec empressement au gouvernement s'imposait à ce moment, et la colonie avait tout à gagner à ce qu'elle fût conclue. Pour continuer la guerre au printemps ou à l'été de 1757, l'on avait besoin de vivres, de munitions, d'argent et d'hommes, et la cour de Versailles refusait, généralement, les demandes même minimes qui lui étaient adressées par les représentants de la colonie.

On s'inquiétait fort peu en France du Canada.

On trouvait chimérique cette entreprise coloniale, et Voltaire, le plus spirituel des Français, riait des *arpents de neige* transformés, aujourd'hui, en bonnes et productives cultures. Tous les yeux étaient tournés vers l'Allemagne. L'intrigante courtisane, Mme de Pompadour, qui régnait aussi bien sur le cœur du roi que sur la France, avait fait conclure une alliance avec l'Autriche contre la Prusse. De là, la guerre de Sept ans; de là, l'épuisement de nos ressources pécuniaires; de là aussi, l'abandon du Canada et les privations de nos soldats qui défendaient notre drapeau et notre influence en Amérique.

L'hiver était arrivé, froid, rigoureux, terrible. Pendant plusieurs mois les travaux furent interrompus, les préparatifs suspendus. La glace couvrait les rivières et les grands lacs. La neige, amoncelée dans la plaine, dans les villages et sur les montagnes, durcissait sur les routes et les rendait impraticables. Les communications entre les divers points du Canada étaient coupées, les relations entre les chefs militaires interrompues. Les récoltes manquaient, la disette commençait à sévir. La petite vérole faisait des ravages dans quelques peuplades alliées et jetait dans la misère des familles entières.

Montcalm et de Lévis gémissaient à la vue de tous ces fléaux accumulés sur notre malheureuse colonie. Seuls les patriotes, les hommes de cœur, jugeaient avec tristesse la situation douloureuse à laquelle on était acculé.

Bigot et ses amis vivaient dans l'opulence et la bonne chère, pendant que le peuple se disputait chaque jour quelques onces de pain.

Un contraste étrange, révoltant, venait d'apparaître tout à coup. En parallèle avec les intempéries de la saison, avec les misères de nos malheureux colons, avec l'inertie de l'agriculture, avec les angoisses de nos chefs militaires, tous dévoués et patriotes, on doit constater le luxe effréné, les plaisirs, les fêtes qui régnaient à Québec et à Montréal principalement.

La société était gaie, parfumée, spirituelle même à Québec. Vraie copie de la cour de Versailles. Pendant odieux des mœurs libertines et quelquefois révoltantes qui s'y affichaient publiquement avec l'assentiment du roi et le concours des grands seigneurs du royaume.

A Montréal, outre la société frivole, légère et guindée, il y avait encore la tourbe des viveurs et des joueurs. Ils passaient leur temps dans les salons, les cercles, et partageaient leur vie entre les plaisirs les plus futils et les parties de jeu les plus audacieuses et souvent ruineuses pour quelques-uns.

On dansait partout. On donnait, plusieurs fois par semaine, à l'hôtel du gouverneur, des soirées galantes, des dîners fins, des soupers de dames qui se prolongeaient bien avant dans la nuit, des concerts brillants, dignes de rivaliser avec ceux de la cour. Toutes ces soirées, tout cet apparat éclatant, coûtaient fort cher; mais qu'importait la dépense à ceux qui ruinaient la colonie?

Montcalm se voyait forcé d'assister à ces réjouissances, de se montrer dans ces fêtes; mais il n'oubliait pas, au milieu même des plaisirs de toute sorte, la mission importante qui lui était confiée. L'insouciance étrange de cette société frivole et coquette l'inquiétait beaucoup. La morgue des fonctionnaires, enrichis par des procédés souvent illicites, l'exaspérait sans cesse. Les viveurs et les débauchés, sous la présidence de l'intendant Bigot, lui causaient de cuisantes douleurs et de l'effroi pour l'avenir de la colonie. Il savait trop bien, lui le chef militaire de l'armée, que le soldat était pauvre, qu'il vivait misérablement; aussi hésitait-il souvent à s'adonner de gaieté de cœur à ces soupers abondants où les convives gaspillaient les vivres et les mets les plus coûteux.

Montcalm écoutait distraitement la musique et le bruit des violons, il pensait surtout aux souffrances de ses braves soldats, au froid rigoureux et glacial qui sévissait dans la campagne. Chaque jour, il raffermissait le moral de ses troupes et leur faisait espérer des temps meilleurs. La victoire ne pouvait manquer d'arriver sur nos drapeaux; mais comment lutter, tant que la neige épaisse et durcie couvrait la terre? comment se préparer à la campagne de l'été, tant que les routes et les sentiers stratégiques n'avaient point repris leur aspect ordinaire? Malgré tous ces empêchements matériels qui nuisaient à la locomotion, aux mouvements des troupes, aux préparatifs de guerre, le fort William-Henry était l'objectif de Montcalm. De concert avec M. de Vaudreuil, il décida de s'emparer de cette place importante qui commandait le lac Saint-Sacrement (1). Évidemment, tant d'audace, tant d'initiative devait être récompensée!

L'entreprise cependant n'était pas facile. Pour arriver jusqu'au fort William-Henry, il fallait faire

(1) Les Français l'appelaient *fort George*.

près de soixante lieues sur la neige. Les soldats étaient dénués de tout. Les vivres manquaient. La neige tombait toujours et un froid intense, qui faisait descendre le thermomètre à 27 degrés, immobilisait souvent nos pauvres Canadiens. Les sauvages, accoutumés à ce climat glacial, résistaient plus facilement aux intempéries de la saison, et encourageaient les troupes régulières par leur belle conduite et leur dévouement à la France. Leurs brillants faits d'armes, leur amour profond pour Montcalm, plaident chaleureusement en faveur des écarts de conduite et d'insubordination auxquels ils se livrèrent quelquefois.

La colonne française, commandée par M. Rigaud de Vaudreuil et M. de Longueil, se mit en route le 23 février, et arriva, le 18 mars, devant le fort William-Henry, qu'elle trouva bien gardé par les Anglais. Malgré la tentative d'escalade ordonnée par les chefs à nos soldats, ils ne purent s'emparer de cette place forte. Les Anglais, étonnés de cette attaque à laquelle ils n'osaient croire, ripostèrent à notre feu de mousqueterie et défendirent l'accès du fort, mais furent impuissants à protéger les magasins et les chantiers qui l'entouraient. Leurs approvisionnements de bois de construction, leurs magasins d'armement et d'équipement furent détruits ou pillés. Les pertes qu'essuyèrent nos soldats furent insignifiantes.

Cette tentative contre le fort William-Henry avait eu pour but de réveiller la vigilance des Anglais. Presque tous nos soldats rétrogradèrent et se retirèrent pour mieux se préparer à la lutte en attendant la belle saison. Il fallait à tout prix s'emparer du fort William-Henry, car les Anglais, toujours maîtres de cette position, pouvaient à chaque instant nous débloquer des forts Saint-Frédéric et Carillon que nous occupions et qui formaient nos défenses sur la frontière. Ce danger, sans cesse imminent pour notre sécurité, devait disparaître coûte que coûte. Montcalm avec son génie puissant l'avait si bien compris, qu'il hâta les préparatifs de la campagne prochaine. Il rassembla à Carillon le plus de soldats qu'il put, afin de les diriger sur le fort William-Henry au moment du siège.

Il faut rappeler ici des tiraillements, des difficultés et des rivalités qui survinrent entre Montcalm et M. de Vaudreuil, le gouverneur du Canada. Nous les avons déjà esquissés, et nous avons cru devoir émettre notre opinion à ce sujet en la basant sur des faits historiques et sur les appréciations de ceux qui vivaient à cette époque au Canada. Nous n'avons pas l'intention d'y revenir et de prolonger ce douloureux débat. Cependant nous devons à la vérité de dire qu'au moment où Montcalm allait s'emparer d'un point stratégique très important, on lui créait de tous côtés des difficultés, on cherchait par tous les moyens possibles, dans l'entourage du gouverneur, à déprécier ses combinaisons et ses plans de guerre, on refusait même à ses compagnons d'armes leur part de gloire. Et cependant Montcalm, en convoquant dans une grande assemblée à Montréal toutes les peuplades sauvages, avait eu pour but de s'assurer de leur neutralité, de se concilier leurs sympathies et leur dévouement, d'enrôler dans les rangs de notre armée de fidèles et loyaux serviteurs. C'est à Montcalm que l'on doit d'avoir entrepris ces négociations avec les Iroquois et toutes les autres peuplades qui envoyèrent des délégués à Montréal. C'est encore lui qui usa de toute la prudence et du sang-froid nécessaires pour mener à bonne fin une œuvre si difficile, celle de la pacification des sauvages. Dans ses rapports fréquents avec eux, il savait se faire aimer et faisait aimer la France. Il ne craignait pas pour cela d'assister aux cérémonies grotesques des

Iroquois, et de prendre part à leurs repas dans leurs fêtes de famille.

Montcalm aurait tout fait, pourvu qu'il fût persuadé que ce qu'il faisait profitait à notre influence et servait nos intérêts. C'est pour ces raisons multiples que M. de Vaudreuil et les autres devaient éviter toute mésintelligence avec notre héros. Ils avaient pour devoir de le secourir dans ses entreprises militaires et dans ses relations avec les sauvages, ou tout au moins d'approuver ce qu'il faisait, puisque sa ligne de conduite fut toujours conforme au patriotisme, à l'honneur et à la grandeur de la France. Mais on jalousait notre héros, on voulait rabaisser sa valeur guerrière au profit de quelques incapables bien apparentés auprès du gouverneur.

C'est en présence de toutes ces machinations ourdies contre lui que Montcalm écrivit au ministre une longue lettre dans laquelle il lui faisait part de ses doléances. Il allait jusqu'à demander son rappel et suppliait le ministre de le remplacer par l'officier qu'il jugerait plus capable que lui. Sa correspondance avec sa mère relate les mauvais effets de la situation que lui créaient M. de Vaudreuil et ses amis. Tout autre que lui eût été découragé et n'aurait peut-être pas pu résister à toutes ces entraves, à cet envahissement constant de l'élément civil dans les opérations militaires, aux jalousies, aux attaques de tant d'ennemis. Mais Montcalm ne se plaignait au ministre que par acquit de conscience, pour justifier ses actes, pour déjouer les mensonges et les fausses communications de ses ennemis, qui faisaient tout pour le dénigrer et qui eussent été si heureux de son rappel. Il savait trop bien que la France le jugerait, que la postérité pèserait ses actes à leur juste valeur, et qu'un jour viendrait où justice lui serait rendue, et où la fourberie, le mensonge, le vol, seraient dévoilés à la face du monde entier. Plus fort que les événements, Montcalm les dominait avec une sérénité d'esprit qui effrayait ses ennemis. Il était disposé à lutter au dedans de la colonie et au dehors, l'âme solidement trempée pour pouvoir résister à la fois aux attaques de ses ennemis privés et des ennemis communs de la colonie. Anglais et faux Français, il les anéantira tous, pendant longtemps, et ce ne sera que lorsque la France abandonnera définitivement la colonie, la laissera à sa propre initiative, que les forces supérieures de l'ennemi engloutiront dans la défaite nos quelques poignées de braves et conduiront à la mort glorieuse le héros du Canada, l'invincible Montcalm.

Vers la fin de juillet 1757, Bourlamaque fut chargé par Montcalm d'ouvrir la tranchée devant le fort William-Henry. L'armée française comprenait environ 8,000 hommes, et le colonel Moore, commandant du fort anglais, avait sous ses ordres 3,000 hommes. Bien que construit en bois, ce fort était solide et bien défendu, et, quoique les historiens anglais aient insinué que la garnison était trop faible pour le défendre, l'entreprise n'en restait pas moins difficile et épineuse. Le siège dura plusieurs jours, les assiégés ripostèrent à notre artillerie par des bombes et des obus. Cependant les Anglais, qui s'attendaient à être secourus par les 6,000 hommes du général Web, se voyant dans l'impossibilité de soutenir plus longtemps l'attaque de nos troupes, capitulèrent le 9 août.

On prit près de trente-six mille livres de poudre et 43 bouches à feu, des projectiles, des bâtiments. 2,400 hommes de troupes furent faits prisonniers; mais, la colonie manquant de vivres pour nos propres soldats, Montcalm décida de les rendre à la liberté, à la condition expresse qu'ils ne *serviraient pas de dix-huit mois* (1).

(1) Lettre de Montcalm au ministre de la guerre. — Dussieux, *le Canada*. Pièces justificatives, 14.

Près de 400 Anglais furent tués ou blessés durant le siège. 53 seulement eurent le même sort parmi nos soldats.

La prise du fort William-Henry était pour nos armes une plus grande victoire encore que celle remportée à Chouegen. Déloger les Anglais de leur position importante et les expulser des bords du Saint-Sacrement, c'était obtenir la possession d'une place stratégique et la tranquillité pour un certain temps pour les forts Saint-Frédéric et Carillon.

Tout le mode fit preuve dans ce siège de zèle et d'ardeur. Nos chefs militaires, sous la conduite de Montcalm, furent dignes d'admiration et contribuèrent à l'élan de nos troupes. MM. de Lévis, de Rigaud de Vaudreuil et de Bourlamaque secondèrent le général en chef et rivalisèrent avec lui de dévouement et de patriotisme. Nos soldats furent admirables. Les sauvages, eux aussi, montrèrent leur intrépidité, leur patriotisme. On n'eut pas besoin de leur donner de l'eau-de-vie pour les exciter et les conduire à la victoire. Montcalm reçut pendant le siège, au plus fort de la mêlée, la nouvelle de sa nomination au grade de commandeur de Saint-Louis. Cette récompense si bien méritée fut saluée par l'approbation générale. Les sauvages complimentèrent leur chef et lui dirent « qu'ils étaient charmés de la grâce dont le grand *Onouthio* (le roi) venait de le décorer, parce qu'ils savaient combien il y était sensible; que, pour eux, ils ne l'en aimaient ni ne l'estimaient pas davantage, attendu que c'était sa personne qu'ils aimaient et qu'ils estimaient, et non tout ce qu'on pouvait ajouter à son extérieur. » Et ils ajoutèrent « que Montcalm connaissait leurs usages et leurs manières, comme s'il avait été élevé au milieu de leurs cabanes » (1).

Nous avons tenu à reproduire ce passage parce qu'il justifie hautement l'appréciation que nous avons portée sur l'ascendant que Montcalm avait conquis sur l'esprit des sauvages qu'il commandait. M. de Bougainville, l'auteur de cette lettre, avait pu se rendre compte de ce prestige, et dans ses rapports fréquents avec les sauvages il avait dû connaître parfaitement leurs sentiments et leurs pensées; aussi ne peut-on révoquer en doute, à moins d'être de mauvaise foi, les termes de sa missive. Le 10 au matin, les Anglais n'attendirent pas l'escorte de nos troupes pour se retirer et violèrent la défense que

(1) Lettre de M. de Bougainville au ministre de la guerre sur la prise du fort William-Henry. — Dussieux, *le Canada*. Pièces justificatives, 15.

nos généraux leur avaient faite, celle de donner du rhum et des liqueurs aux Indiens. Les sauvages, excités, enivrés même, se ruèrent sur eux, en massacrèrent quelques-uns, et, voyant qu'ils fuyaient sans oser se défendre, ils leur donnèrent la chasse : « Et qui, dans le monde, pourrait contenir 2,000 sauvages de 32 nations différentes, quand ils ont bu? » s'écrie M. de Bougainville dans la lettre que nous avons déjà citée. Nos officiers accoururent au bruit de ce désordre et firent les plus grands efforts pour l'arrêter. Quelques-uns de nos grenadiers furent blessés par les sauvages devenus furieux. Montcalm s'exposa beaucoup en cherchant à calmer leur fureur et en se jetant au milieu d'eux. MM. de Lévis, de Bourlamaque et d'autres chefs l'imitèrent et coururent les mêmes risques pour leur vie (1).

Montcalm s'excusa auprès du général Web et de mylord London de ce désordre, involontaire de la part des Français. Il leur disait que ce n'était pas pour eux un prétexte pour rompre la capitulation et se confiait entièrement à leur bonne foi (2). Hélas! il vit bientôt de quelle valeur était la bonne

(1 et 2). Post-scriptum de la lettre écrite par M. de Bougainville au ministre de la guerre. Voir *op. cit.*

foi du peuple britannique ! Le roi d'Angleterre annula la capitulation de William-Henry, et se décida à ne pas exécuter le traité stipulé et accepté par le colonel Moore.

On a grossi beaucoup le massacre d'Anglais par les sauvages. Il n'est pas jusqu'à l'imagination du romancier Fenimore Cooper qui n'ait cru voir un nombre incalculable de victimes. Quelques écrivains anglais ont prétendu également que nos officiers avaient donné l'ordre aux sauvages de massacrer les soldats anglais. De pareilles calomnies ne se relèvent pas et on ne leur fait même pas l'honneur de les réfuter. Les deux lettres de Montcalm écrites à ce sujet, les témoignages des officiers anglais, qui rendirent justice, sur le lieu même où se passa l'affaire, à Montcalm et à nos officiers pour leur intervention, sont des preuves trop accablantes pour les appréciateurs aveuglés par le parti pris et dénués de bonne foi. Montcalm aurait vivement désiré continuer la lutte et s'emparer du fort Edouard, afin d'être maître de la frontière ; mais les besoins de l'agriculture se faisaient sentir, les moissons étaient pendantes, les sauvages manifestaient la ferme intention de retourner chez eux, et d'ailleurs la petite vérole sévissait encore dans les rangs de notre armée. Toutes ces raisons plaidaient en faveur du ralentissement des opérations militaires si brillamment menées jusqu'à ce jour par le jeune héros.

CHAPITRE XII.

On paraît se réjouir en France de la victoire remportée par Montcalm au fort William-Henry. — Sentiments exagérés des compatriotes de Montcalm. — Hiver rigoureux, famine et découragement des Acadiens. — Fêtes bruyantes dans la colonie. — Arrivée des vivres.

On ne resta pas insensible en France aux succès remportés par nos troupes au fort William-Henry. Le 22 du mois de décembre 1757, l'abbé de Bernis, devenu ministre, écrivit à Montcalm une lettre élogieuse au sujet de sa belle victoire. Voici d'ailleurs cet important document : « J'ai vu avec bien du plaisir les succès que vous avez eus, et j'en ai lu volontiers les détails dans les lettres que vous m'avez fait l'honneur de m'écrire le 20 du mois d'août dernier. Tout est dû à la sagesse de votre conduite et à l'habileté de vos combinaisons. On vous rend justice ici; j'admire, pour moi, celle que vous prenez plaisir à rendre aux officiers qui vous ont secondé dans vos opérations; il y a tout à espérer des suites qu'elles doivent avoir; j'y compte beaucoup et je vous en félicite de tout mon cœur (1). »

En Languedoc, on suivait avec une attention toute particulière les faits d'armes de Montcalm. Ses compatriotes se réjouissaient de ce succès nouveau, comme ils s'étaient réjouis en 1756 de la victoire de Chouegen. On vantait son habileté, son courage, son patriotisme. Le public de Montpellier claquait des mains en son honneur. M. de Saint-Priest, intendant du Languedoc, faisait l'éloge de Montcalm devant les états réunis. A Candiac, on chantait un *Te Deum* à l'occasion de la victoire qu'il venait de remporter. A Vauvert, on donnait des fêtes. Certaines personnes, à l'imagination exaltée et vivace, regardaient déjà le brillant officier comme un potentat, comme un véritable roi d'Amérique, et allaient jusqu'à lui écrire des lettres pour implorer sa protection (2).

Cette exagération spontanée des sentiments et de l'enthousiasme de nos braves méridionaux se comprend et s'explique aisément. Elle dédommageait

(1) Cette lettre appartient au marquis de Montcalm. — *Comme on servait autrefois*, par P. Sommervogel (1 vol. in-18, Albanel, Paris), pages 99 et suiv.

(2) *Montcalm et le Canada français*, par Charles de Bonnechose, 1 vol. in-18 ; Paris, Hachette.

Montcalm de beaucoup de déboires et lui rappelait le pays natal, qu'il ne devait plus revoir. On est heureux de constater que plusieurs Français, qu'une province toute entière, aient suivi avec un si grand intérêt les nouvelles d'Amérique et surtout celles de Montcalm.

La cour et le roi lui-même négligeaient absolument le Canada. Malgré les deux brillantes victoires qu'il avait remportées, Montcalm n'avait pu trouver grâce pour la colonie auprès de Louis XV et de ses ministres. Ces derniers surtout semblaient s'intéresser à notre colonie, et en fait ils ne faisaient rien pour elle. A chaque demande de secours, en envoyait une poignée d'hommes qui ne débarquaient pas toujours sur le continent américain et qui périssaient le plus souvent pendant la traversée. Montcalm réclamait sans cesse des munitions et de la poudre, et n'en recevait que quelques centaines de livres alors qu'il en eût fallu des milliers de kilos. M. de Vaudreuil, Doreil et tous les chefs de la colonie plaidaient la cause du Canada, qui se débattait dans les angoisses de la famine et qui agonisait presque; mais rien n'était assez puissant pour fléchir le cœur de cette courtisane vile et méprisable qui dirigeait les affaires de la France. Si une voix patriotique, celle du ministre de Bernis, conseillait la paix, elle valait une disgrâce à son auteur.

N'avait-on pas refusé, en 1756, à Bougainville, envoyé spécialement par Montcalm en France, les renforts qu'il réclamait pour le Canada, qui allait nous échapper si l'on n'y prenait garde? L'histoire a enregistré la réponse que ce courageux patriote, cet homme de génie reçut du ministre. La postérité ne l'oubliera jamais : « Ma foi ! quand la maison brûle, on ne s'occupe pas des écuries. — On ne dira pas du moins, Monsieur, reprit Bougainville, que vous parlez comme un cheval. (1) »

Ainsi le Canada, cette riche colonie que l'on méconnaissait de parti pris et sur le compte de laquelle on s'aveuglait, malgré les rapports des gouverneurs qui s'y succédaient, des généraux qui la défendaient courageusement, ne faisait pas partie de la nation française!

Il était bien téméraire, ce ministre qui jugeait ainsi un pays où la civilisation française avait pris racine, où le commerce encouragé aurait pu rapporter tant de richesses, où l'industrie laissée à son propre essor aurait acquis une force nouvelle, où

(1) Larousse, tome II, lettre C, *Canada*. Le ministre s'appelait Berryer.

l'agriculture favorisée par l'administration aurait produit beaucoup plus que la France entière. C'était vraiment méconnaître tous les avantages que nous avions à notre disposition, anéantir notre puissance coloniale en Amérique et appeler à notre succession notre ennemi séculaire, l'Angleterre, qui de son côté faisait tout pour compromettre notre colonie. Triste complicité du gouvernement français de l'époque, négligences coupables, imprévoyances politiques, tout concourait à ruiner le Canada!

Et, malgré cet abandon tacite de la mère patrie, notre colonie faisait des prodiges de valeur pour rester française. Il fallait, assurément, que ceux qui l'habitaient eussent un profond amour pour la France pour surmonter les difficultés, lutter avec un ennemi dix fois supérieur et affirmer toujours leurs sympathies pour la mère patrie!

L'hiver arrivait à grands pas. Déjà les premiers froids se faisaient sentir et paralysaient les manœuvres et les mouvements de troupes. Depuis plusieurs années, le blé manquait; le froid de l'hiver précédent avait tué les récoltes, celui de 1757-1758 fut encore plus long et plus rigoureux. La famine fit des ravages épouvantables dans le Canada. Les

Anglais, toujours disposés à nous nuire, prohibèrent l'exportation de toutes subsistances de leurs colonies d'Amérique. Notre colonie en fut réduite à se nourrir elle-même. On vit alors des choses hideuses se produire : des Acadiens réfugiés chez leurs frères du Canada mouraient littéralement de faim. Ils se plaignaient au gouverneur, aux fonctionnaires, et c'est à peine si on leur donnait quelques onces de pain ou de morue sèche. Les Canadiens souffraient de la misère publique. On mangeait du cheval sans pain. La farine manquait complètement, et quelques marchands et fournisseurs la détenaient dans des greniers pour la vendre à des prix fabuleux.

Un cri de douleur s'élevait de tous les côtés de la colonie. On s'épouvantait en se voyant réduit, pour plusieurs mois, à la misère et à la famine la plus cruelle. Les secours, les vivres promis et demandés depuis longtemps, n'arrivaient pas. Les Anglais, mis au courant de la situation, cherchaient à barrer la route aux bâtiments qui arrivaient de France. Le Canada était enseveli sous la neige et dans le désespoir. Le peuple, impatient et affamé, se révoltait à Montréal et se plaignait à Québec. Les troupes étaient nourries misérablement. Et cependant que demandaient tous ces soldats valeureux, sinon du pain et des armes?

Montcalm écrivait au ministre : « L'article des vivres me fait frémir. Malgré les réductions faites sur les vivres, la disette est plus grande que nous ne l'avions cru (1). »

Comme en 1756-1757, on dansait, on jouait à Québec et à Montréal. Les accapareurs, les exploiteurs et les viveurs de la colonie, menaient joyeuse vie, pendant que le peuple crevait de faim, que nos pauvres Acadiens périssaient faute de pain. Le mois de janvier 1758 fut surtout l'époque des fêtes données par le gouverneur à Montréal. Le roi avait expressément défendu tous les jeux de hasard, et ceux qui auraient dû faire respecter cet ordre étaient les premiers à tenir table de jeu chez eux. L'intendant Bigot perdait avec un cynisme révoltant 200,000 livres en quelques jours. Ils se préoccupaient peu, tous ces viveurs enrichis, de la misère qui étendait ses ravages à leurs côtés.

Montcalm faisait de nombreuses observations à tous les fonctionnaires de la colonie. Intègre par caractère, économe par habitude, il se contentait

(1) Lettre de Montcalm au ministre. — Dussieux. *le Canada*. Pièces justificatives, 19.

de peu et se gardait bien de gaspiller ce qu'il possédait. Son traitement ne suffisait pas à ses besoins. A sa table, frugalement garnie, venaient s'asseoir un grand nombre d'amis qui partageaient avec lui la viande de cheval. On était loin des somptueux festins de Bigot et des marauds enrichis de la colonie, auxquels il faisait allusion à sa mère, lorsqu'il lui écrivait à ce sujet : « Quel pays ! disait-il, tous les marauds y font fortune et les honnêtes gens s'y ruinent ! »

Honnête, nul ne le fut plus que Montcalm, qui s'endetta au Canada et qui ne put couvrir les dépenses nécessitées par ses fonctions. Mais il avait au moins la consolation de pouvoir dire qu'il avait fait le bien et rendu service à tous ceux qui se trouvaient dans le besoin. Que de fois, en visitant ses troupes, n'a-t-il pas distribué des secours aux soldats les plus nécessiteux ! Ce qui lui était le plus à cœur, c'était de voir que certains fonctionnaires ne se privaient de rien et gaspillaient ouvertement l'argent si profitable aux malheureux Canadiens. Les ressources des officiers disparaissaient à vue d'œil dans les jeux de hasard, et jetaient ensuite dans la nécessité les plus immodérés.

Enfin les vivres arrivèrent ! Plusieurs bateaux,

partis de Bordeaux, purent se soustraire aux attaques des Anglais et touchèrent au Canada. Ce fut une joie générale, un immense soulagement. On mangea alors du pain. Cet aliment, si commun et si indispensable à la vie, causait plus de bonheur au peuple que les aliments les plus fins. Montcalm perdit ses provisions personnelles et ses lettres de Montpellier, le *Foudroyant*, qui les portait, ayant été capturé par les Anglais (1); mais il s'en consola bien vite. Qu'était-ce l'argent, la bonne chère, pour cette âme intrépide, pour ce cœur généreux?

L'arrivée des vivres releva le moral des soldats affaiblis par les privations et leur permit de pouvoir prendre part à la campagne de 1758. Les secours en hommes, en poudre, en munitions, n'étaient point arrivés avec les quelques bâtiments de vivres, et cependant la poudre manquait; on utilisait encore les milliers de livres prises au fort William-Henry, mais cela ne suffisait pas pour la campagne prochaine. Il fallait le génie de Montcalm pour entreprendre la lutte avec le manque de soldats, de munitions et surtout de poudre. Il

(1) De Bonnechose, *Montcalm et le Canada français*; Paris, Hachette.

alla de l'avant, confiant dans son étoile et dans les destinées de sa patrie. Ce qui torturait le plus son esprit, ce qui oppressait son cœur, c'était de se voir réduit à commander des soldats dénués de souliers, d'armes, de munitions. Son ambition et son désir de servir son pays sur un grand champ de bataille et de lutter contre un ennemi redoutable avec une armée bien organisée, le tourmentaient sans cesse; mais il acceptait, sans se plaindre et avec courage, la situation qui lui était faite. N'y allait-il pas de l'avenir de la colonie et pouvait-il se soustraire à la mission qui lui avait été confiée? Il ne désespérait de rien, et, en pressentant la lutte terrible qu'il allait engager avec l'ennemi, il s'écriait : « Nous combattrons, nous nous ensevelirons, s'il le faut, sous les ruines de la colonie. » Paroles prophétiques, s'il en fut, qui justifient pleinement les pressentiments de Montcalm, les observations qu'il ne cessa de faire aux ministres et les sages conseils qu'il leur donna. Ne fit-il pas part, à plusieurs reprises, à sa mère, au gouvernement français, des craintes qu'il avait pour l'avenir de la colonie? Il redoutait les échecs, parce qu'il voyait que l'Angleterre préparait un grand coup. Mais n'anticipons pas sur les événements.

CHAPITRE XIII.

Projets de William Pitt. — La résistance est organisée par Montcalm. — Rencontre des Français et des Anglais. — Mémorable victoire de Carillon remportée par Montcalm. — Enthousiasme de nos troupes.

Les succès remportés par Montcalm depuis son arrivée au Canada étaient assez significatifs pour attirer l'attention du roi et de ses ministres sur notre colonie américaine. Les revers obtenus au contraire sur le continent indiquaient, de la façon la plus catégorique, la fausseté de la politique française. Évidemment nos intérêts étaient ailleurs qu'en Allemagne. Mais on s'obstinait en France à faire la guerre contre Frédéric, qui n'était pas, à vrai dire, notre ennemi, mais qui avait blessé la vanité de Louis XV.

L'Angleterre, vaincue sur mer et aux colonies, comprenait bien que la France négligeait le Canada, aussi voyait-elle avec plaisir arriver l'heure de jouer la grande et définitive partie. Un homme doué d'une volonté tenace, en possession de plans gigantesques et de projets formidables, étudiés depuis longtemps et savamment combinés, arrivait au ministère anglais. William Pitt déclara au Parlement assemblé qu'il fallait à tout prix s'étendre au dehors, courir toutes les mers, ruiner les colonies françaises et s'emparer du Canada. Cette conquête donnerait à l'Angleterre la souveraineté dans l'Amérique du Nord et lui permettrait de contre-balancer l'influence espagnole. Avec son génie puissant, cet homme présageait déjà pour sa patrie l'empire des mers, qu'elle ne tarda pas à conquérir. Pitt aura été le premier à jeter les bases de cet immense empire colonial qui fait de l'Angleterre la plus grande nation du globe.

En France, on méconnut la gravité de cette gigantesque entreprise, supposée irréalisable. A l'intelligent de Machault, ministre de quelque valeur, succédait à ce moment l'entreprenant et téméraire Choiseul, qui voulait tout faire, et qui en définitive ne fit que ruiner notre influence et notre prestige dans des entreprises déplorables et désastreuses. Mener de front une guerre en Allemagne et une lutte contre l'Angleterre, c'était, assurément, disperser nos forces, épuiser nos ressources, et n'aboutir à rien. C'est ce qui arriva malheureusement. Lorsqu'il aurait fallu renvoyer Dupleix dans l'Inde, on projeta une descente en Angleterre et en Écosse. Mais les Anglais avaient mis 156 vaisseaux de ligne à la mer et naviguaient ainsi vers toutes nos colonies, qu'ils inquiétèrent. Ils essayèrent d'abord de s'emparer des Antilles. Nos colons de la Martinique furent assez heureux pour les repousser. Ceux de la Guadeloupe résistèrent pendant plusieurs mois, mais leur courage dut céder devant le nombre; ils capitulèrent (1). Les Anglais envahirent ensuite le Canada au nombre de 22,000, sans compter les milliers de miliciens qu'ils levèrent dans leurs colonies et qui secondèrent avantageusement leurs soldats réguliers. Chiffre exorbitant, fabuleux même, à opposer à nos 6,000 hommes de troupes. Aussi lord Chesterfield pouvait-il écrire avec arrogance à son fils, le 8 février 1758 : « Il est très certain que nous sommes assez forts en Amérique pour manger les Français tout vifs au Canada, à Québec et à Louisbourg, si nous savons faire usage de nos forces avec habileté et vigueur (2). »

(1) Henri Martin, *Histoire de France.*
(2) Dussieux, *le Canada,* page 189; Hachette, Paris.

Le plan d'attaque dressé par William Pitt fut suivi, point par point, dès les premiers jours du mois de juin 1758. Anglais et Français se trouvaient en présence.

Dans la grande baie du Saint-Laurent, l'île du cap-Breton, ou île Royale, était absolument la seule possession française que nous eussions en ce moment. Les efforts de Pitt furent portés de ce côté. 16,000 hommes vinrent attaquer la faible garnison de Louisbourg sous la conduite du général Amherst. Les fortifications de cette ville, en fort mauvais état, ne pouvaient résister longtemps; l'amiral Boscawen, qui commandait une flotte considérable et qui se tenait devant l'île Royale, prêt à toute éventualité, l'espérait ainsi; mais il comptait sans le courage de nos soldats, sans le dévouement du commandant de la ville, M. de Drucour, sans l'exemple admirable donné par sa femme, qui ne craignit pas de paraître en personne sur les remparts et de mettre elle-même le feu aux batteries. Les Anglais furent repoussés à plusieurs reprises. On lutta pendant deux mois; mais le 26 juillet les remparts, ébréchés par l'artillerie, menaçaient ruine. La place, éventrée de tous les côtés, n'offrait désormais aucun asile aux assiégés.

Il fallut se rendre afin d'éviter les horreurs d'un assaut, et peut-être le carnage. Ce fut assurément une rude épreuve pour le patriote M. de Drucour; mais n'était-elle pas imposée par le vainqueur? Les Anglais, qui avaient appris pendant ce siège à connaître la valeur de nos soldats, résolurent de les transporter en France, ainsi que tous les habitants de l'île (juillet 1758) (1).

Pendant que 16,000 Anglais attaquaient les fortifications de Louisbourg et faisaient accomplir à nos soldats des actes d'héroïsme incomparables, 20,000 hommes prenaient position sur les ruines mêmes de William-Henry. Le général Abercromby, qui se trouvait à leur tête, voulait s'avancer de là sur Carillon, s'emparer de ce fort et atteindre Montréal.

Montcalm avait saisi le but que poursuivait son puissant adversaire, et il ne s'était pas mépris à ses manœuvres variées. Il ordonna de fortifier les alentours du fort, de former une enceinte avec des bastions, et de défendre les crêtes voisines des éminences de terrain. Tout le monde se mit à l'œuvre : officiers et soldats coupaient les bouleaux, les hêtres et les pins au milieu des forêts et les trans-

(1) Henri Martin, *Histoire de France.*

portaient ensuite sur les hauteurs de Carillon. On travaillait avec joie dans le camp français, parce qu'on pressentait qu'une grande bataille allait se livrer. « Je veux être Fabius plus qu'Annibal, » écrivait Montcalm à sa mère, quelques mois avant la défense du fort de Carillon. Il avait compris depuis longtemps que la lutte serait chaude, et qu'il sortirait triomphant de cette épreuve ou qu'il périrait avec toutes ses troupes. Dès que les préparatifs de défense furent terminés, Montcalm simula une attaque contre les Anglais, afin de leur donner le change et de dérouter leurs chefs. Le 6 juillet, l'armée anglaise se décide enfin à marcher en avant et vient se heurter contre notre colonne d'avant-garde. Le brigadier général lord Howe, l'âme de l'expédition, tombe foudroyé par une balle. Montcalm fait battre son armée en retraite, et revient avec elle à Carillon par une route opposée, mouvement que les Anglais n'aperçurent point.

Le 8, Abercromby ordonna l'attaque du fort. Les montagnards écossais se précipitèrent avec un courage digne d'un meilleur sort sur les retranchements, et vinrent trouver la mort devant la mitraille de nos batteries. Un feu plongeant dirigé sur les colonnes anglaises causait les plus grands ravages.

Leur opiniâtreté se brisa contre le courage et le patriotisme de nos braves soldats encouragés par Montcalm, qui s'exposait sans cesse et ne craignait pas de se porter sur tous les points où il jugeait sa présence nécessaire. Dès le matin, il avait quitté son habit pour être plus à l'aise et pour résister plus facilement aux rayons ardents du soleil.

La mêlée fut affreuse; la décharge de notre mousqueterie, aussi nourrie qu'inattendue, terrifia les Anglais, qui reculèrent d'abord, revinrent ensuite, pour périr en grand nombre sous les coups des baïonnettes françaises. La vieille infanterie française fit des prodiges de valeur dans cette mémorable journée. Par son agilité et son audace, elle sauva les endroits de la place les plus menacés et empêcha les Anglais de se ravitailler.

Les troupes qui essayèrent de débarquer et de porter secours aux soldats anglais furent culbutées par les volontaires que Montcalm avait eu la précaution d'échelonner sur les bords de la rivière. Quelques embarcations furent néanmoins coulées. Le canon de Carillon grondait toujours aussi menaçant. L'armée française continuait ses exploits et faisait reculer les Anglais. Au milieu de la fumée apparaissaient les drapeaux français troués par les balles ennemies. Le combat dura jusqu'à sept heures du soir.

Les Anglais, se voyant vaincus, regagnèrent précipitamment leurs embarcations et disparurent sur le lac Saint-Sacrement, laissant sur le champ de bataille plus de 4,000 morts ou blessés, et renonçant ainsi à continuer la lutte le lendemain, au grand désappointement de Montcalm, qui n'osait y croire. Les Français étaient vainqueurs, le Canada sauvé. Une victoire de plus venait s'ajouter aux succès précédents. L'héroïsme de nos troupes avait triomphé de la masse anglaise. Le courage avait suppléé à la quantité numérique. Nos officiers s'étaient battus comme des lions. Presque tous avaient souffert dans cette mémorable journée. M. de Lévis reçut plusieurs coups de feu dans ses habits. De Bourlamaque, dangereusement blessé, souffrait horriblement. Bougainville reçut plusieurs coups à la tête. Quelques courageux et vaillants officiers succombèrent à leurs blessures mortelles. 200 hommes environ payèrent également de leur vie le succès de cette glorieuse journée. Ces pertes, bien que minimes, étaient sensibles à notre faible armée, mais combien restaient-elles inférieures à celles subies par nos ennemis! Par un hasard plus que providentiel, Montcalm ne reçut aucune blessure et sortit sain et sauf de cette bataille. L'armée, tout entière à son enthousiasme et à son admiration, acclama Montcalm, ce chef bien-aimé, ce patriote vaillant et distingué qui venait encore de la conduire à la victoire. Deux jours après, on célébra par de grandes fêtes la victoire de Carillon. Les poètes se mêlèrent aux guerriers pour chanter les gloires de notre héros. Plusieurs chansons furent composées dans tous les styles, élevés, sublimes, ou en langue *des poissardes de Paris* (1). Les cloches des églises sonnèrent à toutes volées dans les villes et les villages. On chantait le *Te Deum*, on illuminait à Québec et à Montréal.

La bataille de Carillon est à coup sûr un des plus grands événements survenus au Canada pendant la domination française. L'histoire la relate à peine dans ses fastes mémorables. Les Français ne doivent pas oublier que sur les hauteurs de Carillon s'illustra la valeur militaire de nos ancêtres. La postérité, elle, se souviendra toujours de cette journée glorieuse. Carillon et Montcalm sont deux noms à jamais inséparables, deux gloires qu'elle a le devoir

(1) *Comme on servait autrefois*, par P. Sommervogel, page 120.

d'unir dans la même admiration et le même souvenir. On n'a pas assez popularisé en France ces combats d'outre-mer qui ont immortalisé nos soldats. Bien qu'ils aient combattu sur un sol étranger, nos héros n'ont pas moins défendu la cause sacrée de la patrie française et versé leur sang pour notre drapeau.

En présence des ovations qui lui furent faites, Montcalm eut son heure de gloire. Il sentit battre son cœur de patriote et de Français. Cette âme insensible au danger, pliée à toutes les souffrances, invincible dans les combats, se laissa fléchir par les sentiments les plus tendres. Montcalm pensa alors à sa femme, à ses enfants, à sa mère, à ses compatriotes, qui ignoraient encore sa belle conduite et qu'il brûlait de revoir. Il jugeait maintenant sa mission terminée, puisque le danger venait de disparaître et que les ennemis, en fuite, semblaient renoncer à la lutte. Il écrivit au ministre le 12 juillet, et demanda son rappel, alléguant que sa bourse et sa santé s'épuisaient. Montcalm souffrait de ne pouvoir faire le bien ni empêcher le mal; il souffrait encore de voir ses conseils méconnus, les remontrances qu'il adressait à ses subordonnés traitées à la légère, et la lutte qu'il fallait soutenir avec M. de Vaudreuil et les autres ambitieux de la colonie finissait par l'exaspérer et par abattre sa patience.

« Je suis déterminé à demander mon rappel. Plût à Dieu qu'on me l'accordât, quand je devrais être le reste de mes jours dans mon château, » écrivait-il à sa mère le 12 juillet de la même année. A ce moment il pouvait espérer retourner en France sans que son absence préjudiciât à la la colonie; mais à la suite de la défaite qui survint, quelques mois après la victoire de Carillon, il ne le pouvait plus. Frontenac, petit fort défendu par quelques dizaines de Français, tombait au pouvoir de l'Américain Bradsteet. Des canons, des vivres, des munitions furent capturés, des bâtiments brûlés, et notre supériorité sur le lac Ontario anéantie. Le général Forbes et le colonel Washington marchaient sur le fort Duquesne, les sauvages et les Iroquois se décourageaient, et leur amour pour la France diminuait en présence des séductions et des présents dont les comblaient les Anglais. Après les victoires, les revers! Après la fidélité et la soumission, la défection et la révolte! Le Canada commence à être miné. Envahi par les armées anglaises, qui font bonne garde et ne se découragent pas, il va subir bientôt de nouvelles attaques qui le mettront à deux doigts de sa perte. La colonie espérera encore; plusieurs fois elle se tournera vers les flots agités pour interroger l'horizon et voir si les bâtiments de la mère patrie, apportant des secours, des munitions et des vivres, n'arrivent pas enfin : tel le malade qui agonise fait des efforts surhumains et prend un visage souriant pour tromper et tranquilliser ceux qui l'entourent !

CHAPITRE XIV.

La paix ardemment désirée par la colonie. — Voyage de Bougainville en France. — Il obtient beaucoup de promesses de la cour et peu de secours.

La prise de Louisbourg et du fort Frontenac, l'occupation de la vallée de l'Ohio par l'armée anglaise, enlevaient à nos troupes tous les avantages conquis par la victoire de Carillon. Redoutables et grands, les défenseurs de la patrie française devenaient, par l'inertie de leur gouvernement, faibles et plus impuissants que jamais. Les sauvages qui suivaient avec enthousiasme la bonne fortune de nos armes, et qui jusqu'à ce moment nous avaient jugés supérieurs aux Anglais par la bravoure, le courage de nos soldats, le savoir et l'habileté de nos chefs, commencèrent à abandonner notre alliance et se laissèrent séduire par les promesses et les riches présents de nos adversaires. Leur docilité à nous suivre fit complètement défaut. Le plus grand nombre passa du côté des Anglais. Quelques-uns

8.

nous restèrent fidèles grâce à Montcalm, qui profita encore de l'ascendant qu'il avait sur eux. Mais le mécontentement était général chez eux, et ils sentaient que notre domination allait s'affaiblissant tous les jours.

Plus que jamais l'occasion était favorable pour conclure la paix avec l'Angleterre. La situation nous l'imposait, et la prudence, le désir de conserver notre colonie, nous faisaient un devoir de la demander.

En France, où l'on ne recevait que défaites sur défaites, en Allemagne, aux Antilles, aux Indes, au Sénégal, et où la joie avec laquelle on avait accueilli la victoire de Carillon n'était pas encore dissipée, on jugeait la situation meilleure que le tableau que MM. Doreil, Bougainville, Montcalm et le gouverneur en faisaient au ministre de la marine. On s'illusionnait complètement sur l'état du Canada.

En présence des nouveaux dangers qui venaient de surgir, Montcalm abandonnait son idée de retourner en France. Son grand cœur se redressait, son âme grandissait et son patriotisme éclatait tout entier. Son bras était de nouveau au service de sa patrie; semblable au lion que l'on attaque, il se disposait à terrasser ses adversaires et à défendre la colonie. Mais, malgré son vif désir de sauver le Canada contre l'invasion anglaise, il ne craignait pas de dépeindre au ministre, le 1er septembre 1758, sous son vrai jour l'état de la colonie. « La situation de la Nouvelle-France est des plus critiques, écrivait-il, si la paix ne vient pas au secours. Les Anglais réunissent avec les troupes de leurs colonies mieux de cinquante mille hommes; nonobstant l'entreprise de Louisbourg, ils en ont eu trente mille qui ont agi cette campagne vis-à-vis le Canada. Qu'opposer à cela? huit bataillons qui font trois mille deux cents hommes; le reste, troupes de colonie, dont mille deux cents seulement en campagne, le surplus à Québec, Montréal, la Belle-Rivière, pays d'en haut; puis les Canadiens; il n'y en a eu cette année en campagne qu'environ mille deux cents. »

Et M. Doreil de son côté écrivait plusieurs lettres au ministre. Dans toutes il réclamait à grands cris la paix si nécessaire, si indispensable à la sécurité et à la conservation de la colonie. Il n'était pas jusqu'à Bigot lui-même qui ne demandât la paix; mais il suppliait le ministre de vouloir bien lui permettre de rester encore au Canada pour servir le roi.

Pendant que M. Doreil se ruinait, pendant que Montcalm s'endettait et assurait le roi de son dévouement tout entier, ce fripon ne demandait qu'à vivre dans l'opulence et à achever sa fortune déjà commencée et considérablement grossie par ses rapines.

Pauvre Canada! que de monstruosités il vit se commettre dans son sein; que de vols manifestes, que de hontes, que d'opprobres!

Comme les années précédentes, un hiver rigoureux arriva dans la colonie. Les terres, laissées incultes, n'avaient point donné de récoltes, et il fallait cependant se nourrir. Les soldats, sans cesse sous les armes, avaient besoin de nourriture. Les colons, qui faisaient partie de la milice et qui eussent préféré cultiver leurs champs, voyaient leurs provisions s'écouler rapidement. La famine était encore imminente en 1759, et les vivres demandés n'arrivaient pas. Le pain valait 8 sols la livre, le bœuf 20, le veau 25, le mouton autant. Un chou coûtait 20 sols. Une douzaine d'œufs, 50 sols. Une livre de beurre s'élevait au prix fabuleux de 40 sols. Les bœufs de labour servaient de nourriture. C'est dire que l'on pensait peu aux travaux agricoles pour l'été suivant!

Montcalm, voyant ses doléances restées dans l'oubli, engagea vivement Bougainville fatigué à partir pour la France, afin de ranimer par sa présence le patriotisme endormi et d'obtenir aussi des secours en faisant un tableau exact de la colonie. M. Doreil, commissaire des guerres au Canada, l'accompagna (1). Tous deux désiraient ardemment obtenir ce que leur chef réclamait dans l'intérêt de la colonie. Arrivés en France, ils furent présentés au ministre et au roi. De Bougainville, reçu le 8 avril à Versailles par Louis XV, lui exposa la véritable situation du Canada, et, à l'aide des plans qu'il avait apportés, il fit entrevoir à ce monarque l'avenir de la colonie américaine, si l'on ne parvenait à empêcher les Anglais d'assiéger Québec. Bougainville fit justice des calomnies et des attaques dont son chef avait été l'objet. Il apprit également au roi et à ses ministres que plusieurs dépêches avaient été interceptées ou arrêtées au bureau de la marine. Il tint essentiellement à ce que l'on vît de quel côté étaient les torts dans cette rivalité entre Montcalm d'une part, et de Vaudreuil, Bigot et consorts de l'autre. Désormais on ne pouvait douter

(1) Novembre 1758.

des rapports sincères et complets que MM. Doreil, Montcalm et Bougainville avaient écrits au ministre. On ouvrit enfin les yeux sur la colonie, et, malgré le mauvais vouloir du ministre de la marine Berryer, qui fit à Bougainville la réponse que l'on sait, la cour se montra généralement favorable à la cause américaine soutenue et défendue par Montcalm et ses officiers. M. de Belle-Isle écrivit à Montcalm pour lui dire la confiance que le roi mettait en lui. On couvrit Montcalm de fleurs, on lui prodigua toutes les félicitations, tous les encouragements, qu'il avait d'ailleurs bien mérités, et on le pria de continuer à défendre la colonie mourante.

En résumé, la mission de Bougainville et de Doreil valut au Canada dix-sept bâtiments chargés de vivres et de munitions et trois cent vingt-six recrues.

Tels sont les secours que la cour, désireuse de conserver l'influence française en Amérique, envoyait à notre colonie. Bougainville revint pour reprendre sa place aux côtés de son vaillant général et participer à l'effort suprême tenté par la colonie.

Et Montcalm écrivait encore à sa mère, à sa femme, pour les consoler sur son état, les initiant à ses fatigues, à ses occupations et faisant miroiter à leurs yeux son retour. Hélas ! il ne se dissimulait pas en janvier 1759 qu'il ne reverrait plus la France, celui qui lui avait tout sacrifié, patrie, famille, richesses et qui ne devait pas tarder à verser pour elle jusqu'à la dernière goutte de son sang!

Ce ne sont pas les Bigot et autres qui prendront en main la défense du Canada, qui rassembleront les dernières forces de cette colonie abandonnée pour tenter le coup final : tel le naufragé, sur le point de sombrer, se cramponne aux dernières épaves du navire qui le porta si longtemps, tel Montcalm se liait, d'une façon plus étroite que par le passé, à cette colonie qu'il aimait profondément, qu'il avait défendue et qu'il voulait encore défendre et sauver!

La misère qui sévissait jetait tout le monde dans une gêne extrême. Les officiers ne pouvaient suffire à leurs besoins. Ils vivaient d'expédients. Les héros de Carillon se disputaient entre eux les lambeaux d'un uniforme usé pour se garantir du froid, et Bigot, qui thésaurisait toujours, refusait de payer à nos soldats de modestes sommes fixées par Montcalm. Que de traits touchants d'abnégation ne vit-on pas dans la Nouvelle-France à ce moment-là! Que d'exemples de fraternelle charité furent mis sous les yeux de notre héros, exemples qu'il fut le premier à pratiquer et qu'il encouragea toujours!

Mais l'hiver terrible disparaît avec les cruelles douleurs qu'il a apportées. La belle saison arrive sans que le Canada se trouve, au point de vue militaire, dans une situation meilleure. Bougainville n'a pu amener de France qu'un nombre dérisoire d'hommes, qui, joints à toutes les forces réunies de la colonie, forment un effectif de 15,000 soldats, en y comprenant les milices, sauvages et Canadiens. Que faire contre ce rempart anglais qui est formé de 80,000 hommes sous les ordres de William Pitt et des valeureux chefs qu'il a choisis pour conquérir le Canada? Le moment est suprême pour notre colonie. La lutte terrible qu'elle va livrer sera certainement la dernière, et de tous les points de son territoire viendront quelques dévoués patriotes combattre pour elle sous le drapeau de la France. Le gouvernement de la métropole, en refusant tout secours, en ne voulant pas s'imposer de légers sacrifices qui eussent suffi à grossir notre effectif, commit une faute énorme, irréparable. L'exposé des faits qui va suivre le démontre suffisamment, et le lecteur comprendra combien nous avions raison d'être indigné contre la cour, qui ne fit jamais rien pour la Nouvelle-France, et qui cependant ne se privait d'aucune fête, d'aucun plaisir. Il est écrit que les honnêtes gens mourront toujours à la peine, et que les fripons, les viveurs, se prélasseront dans le luxe et le bien-être!

CHAPITRE XV.

Levée en masse de la colonie, la résistance opiniâtre s'organise. — Plan de campagne de l'armée anglaise. — Siège de Québec. — Victoire des Français. — Bataille sur les hauteurs d'Abraham. — Mort héroïque de Wolfe et de Montcalm.

Nous arrivons au point le plus poignant de notre récit, à l'agonie de notre malheureuse colonie.

Nous l'avons déjà vue, à différentes reprises, se débattre contre un ennemi supérieur, se relever, se couvrir de gloire sur plusieurs champs de bataille. Nous allons la voir maintenant, réduite à la dernière extrémité, faire encore des prodiges de valeur et confier sa destinée aux mains de son défenseur le plus héroïque.

Abandonnée par la mère patrie, réduite à ses propres forces, bien faibles, bien modestes, que va-t-elle opposer à l'immense contingent anglais, sinon le courage de ses habitants, le patriotisme, le génie des enfants de la France?

Comme dans tous les pays qui luttent pour l'existence et qui défendent leur sol, leur indépendance, nous verrons au Canada les traits les plus beaux de courage militaire, les faits d'armes les plus dignes de nos annales. A la milice, seule ressource de la colonie, aux soldats venus de France, se joindra toute la population mâle de 16 à 60 ans. C'est une levée en masse qui s'apprête pour la défense de la colonie. On verra des enfants encore grêles et chétifs, des vieillards courbés sous le poids des ans et accablés par la souffrance, des femmes patriotes et vaillantes, grossir les rangs de nos milices, prendre part à la grande et suprême lutte. Et tout cet enthousiasme, tout ce dévouement ne suffira pas encore pour refouler l'invasion de ce monstre aux 80,000 têtes qui se jette sur le territoire canadien. De trois points, surgissent les soldats anglais. Toujours la même tactique, toujours la même suite dans les opérations militaires. N'est-ce pas là, en effet, l'œuvre gigantesque de William Pitt, notre ennemi? C'est avec nos faibles bataillons qu'il va falloir résister à ces trois grands courants opposés qui inondent le Canada pour le submerger en un seul point et anéantir l'armée française!

On ne désespère pas cependant parmi nos chefs. Montcalm dirige les moyens de défense, il fait fortifier Québec et protéger les abords de cette place du côté du Saint-Laurent contre l'attaque de l'ennemi, qui va fatalement se porter sur cet endroit.

Les trois colonnes anglaises devaient opérer seules d'abord, et se rejoindre ensuite toutes à Montréal. La première, ayant onze mille hommes sous les ordres du jeune général Wolfe, devait arriver de Louisbourg à Québec, avec une flotte de 20 vaisseaux et bâtiments montés par 18,000 mamarins. La deuxième se dirigerait sur Montréal par le lac Champlain, avec 12,000 hommes commandés par le général Amherst; de là elle essayerait une jonction avec la colonne de Wolfe. La troisième avait pour mission de s'emparer de Niagara, de couper les communications avec tous les lacs intérieurs et nos Louisianes, et de revenir à Montréal par le Saint-Laurent. On le voit, ce plan était habilement combiné et merveilleusement soutenu par de nombreuses troupes. Il ouvrait la porte de la colonie aux Anglais et menaçait le Canada tout entier. En empêcher l'exécution complète était presque chose impossible; mais en retarder, en amoindrir les effets, paraissait de la première nécessité à Montcalm et à ses officiers. Il fallait opposer des forces à celles amenées par chaque colonne ennemie. Montcalm le comprit tout d'abord; aussi assigna-t-il dans ce but à chacun la place qu'il devait occuper. A Niagara, il envoya M. Pouchot avec 300 hommes; à Frontenac, M. de Corbières, qui en acheva les fortifications; sur le lac Ontario, M. de la Corne, à la tête de 1,200 hommes; sur les lacs Saint-Sacrement et Champlain, au centre même des opérations et à proximité de Montréal, 2,600 hommes dirigés par M. de Bourlamaque. Montcalm s'assigna pour défense Québec. C'était évidemment le point le plus attaqué, le plus important : c'est celui-là qu'il choisit, pensant que sa place n'était pas ailleurs. Bougainville et Lévis restèrent avec lui.

On avait négligé la défense de cette ville, malgré les conseils réitérés et les ordres récents de Montcalm. C'est à peine si de faibles retranchements, établis au dernier moment, se trouvaient défendus par le Saint-Laurent. On couvrit la place d'un camp retranché, situé dans une excellente position, que l'on fortifia à l'aide de quelques redoutes.

Le général Wolfe procéda d'abord par intimidation. Ce général, à la tête d'une grande armée, ne se figurait pas que Montcalm pût lui résister un seul instant; aussi lui envoya-t-il une sommation de se rendre, lui faisant part de la mission que son maître, irrité contre la France, lui avait confiée, assurant la population entière de sa bienveillance, de son respect pour leurs biens, leurs habitations, leurs mœurs, leur religion; lui promettant une guerre implacable et cruelle, avec toutes les horreurs d'un siège, si leur *entêtement déplacé* ou leur *valeur imprudente* leur font prendre les armes (1).

Ce message ne trouva aucun écho dans l'armée française; il ne fit, au contraire, que soulever l'indignation et la colère de nos braves et dévoués soldats. Il ne toucha pas non plus les habitants de Québec, décidés à résister à l'envahisseur, à se défendre contre lui et à tout supporter, plutôt que de se rendre lâchement et de céder aux Anglais.

La seconde sommation de Wolfe, aussi arrogante, aussi menaçante que la première, n'eut pas plus d'effet sur la ville (2). C'est vainement qu'il promit

(1) Dussieux, *le Canada français*. Pièces justificatives, 33. Premier manifeste du général Wolfe, 29 juin 1759.
(2) Dussieux, *ibid*. Pièces justificatives, 34. Deuxième manifeste du général Wolfe, 25 juillet 1759.

aux Français vaincus de s'avancer dans le Canada pour y saisir et emmener les habitants et leurs troupeaux; c'est vainement qu'il leur dit qu'il *se trouverait fâché d'en venir aux barbares extrémités*. Son langage, doucereux et barbare à la fois, n'attendrit ni n'effraya les Français, les Canadiens et les Indiens leurs alliés, qui tous résistèrent énergiquement à de telles séductions.

On est pris d'une vive et légitime indignation à la lecture de ces deux manifestes anglais, et on s'étonne qu'un général aussi brave qu'habile ait pu les écrire et les adresser à Montcalm. Il avait bien peu conscience de la dignité française, ce soldat anglais qui supposait qu'à sa voix, par son ordre, Québec capitulerait et le Canada tomberait dans ses mains! S'emparer d'une place française mal gardée, mal défendue, n'est pas toujours chose facile. Wolfe semblait l'ignorer : il l'apprit à ses dépens. Les soldats français ont toujours fait leur devoir, et la capitulation qu'on a essayé de leur imposer, à plusieurs reprises, a été repoussée hautement par eux.

On regrette davantage la Nouvelle-France quand on apprend, en lisant son histoire, jusqu'à quel degré s'éleva le patriotisme et le courage de ses défenseurs. Cette terre américaine fut arrosée constamment par le sang de nos soldats, martyrs souvent ignorés et obscurs, quelquefois connus et illustres, mais toujours dignes d'être comptés parmi les héros de nos annales militaires.

Après quelques manœuvres restées infructueuses, Wolfe, qui avait pensé faire sortir Montcalm de ses retranchements, débarqua le 30 juin, en face de la ville, à la pointe Lévy. Le 12 juillet suivant, les mortiers et les canons anglais firent pleuvoir sur la ville assiégée une pluie de mitraille qui produisit des effets désastreux. La ville basse fut incendiée, presque toutes les maisons croulèrent sous l'action des batteries et de l'incendie. Montcalm restait toujours dans l'inaction, ne voulant pas dépenser inutilement ses forces et les réservant pour l'action décisive.

A ce moment, le général Wolfe, qui pensait avoir épouvanté par sa décharge d'artillerie la population, lui adressa une proclamation dans laquelle il l'engageait à se rendre au prix de séduisantes promesses. On ne répondit pas au corrupteur anglais et on persista dans la ligne de conduite que Montcalm lui-même avait tracée aux habitants, celle de l'honneur et du devoir. Les Canadiens furent admirables par leur dévouement et par leur persévérance dans ce siège mémorable.

Wolfe, voyant que cette population héroïque résistait à toutes ses prières, se décida enfin à la maîtriser par la force. Près du ravin de Montmorency, il établit son camp, à côté du village de l'Ange-Gardien, et il s'y retrancha solidement jusqu'au 31 juillet, jour de l'attaque contre les Français.

Ce fut une belle journée pour le Canada, journée glorieuse dans laquelle nos troupes repoussèrent de tous côtés les Anglais et supportèrent, avec un courage au-dessus de toute épreuve, le feu de 118 pièces de canon. M. de Lévis fit de véritables prodiges de valeur; nos tirailleurs canadiens, chasseurs d'origine, tuèrent les Anglais à coups de carabine. Le camp de Montcalm était sauvé, et Wolfe, vaincu, obligé de se retirer.

Cette victoire, aussi hardie qu'inespérée, produisit un effet salutaire sur nos troupes et sur l'esprit des habitants. On pensait généralement que les Anglais renonceraient à s'emparer de Québec. La bataille de Montmorency restait comme un des plus beaux faits d'armes accomplis par l'armée française depuis longtemps. 10 pièces de canon avaient tenu tête à 118. C'était prodigieux! Les Anglais ne pouvaient endurer cet échec, et le désir de reprendre l'offensive sous peu les hantait sans cesse. On n'y pensa pas assez dans le camp français. Montcalm eut tort de laisser partir un certain nombre de Canadiens, désireux de retourner dans leurs champs pour faire la moisson. Il aurait fallu surveiller l'ennemi avec attention et étudier davantage tous ses mouvements.

Wolfe avait espéré que le général Amherst pourrait le rejoindre à temps pour s'emparer de Québec, mais celui-ci fut arrêté par de Bourlamaque qui fit sauter le fort de Carillon au moment où les Anglais allaient s'en emparer. Pendant ce temps, Pouchot capitulait à Niagara.

Wolfe, honteux de sa défaite, n'était pas satisfait d'avoir brûlé les maisons et les monuments de Québec avec les projectiles anglais : il voulait encore s'emparer de cette place, qui semblait inexpugnable. A cet effet, il navigua avec sa flotte sur le Saint-Laurent, examina les alentours de Québec. Ne pouvant l'attaquer de face, l'habile général résolut de la prendre par la ruse : le lutteur, ne pouvant terrasser son adversaire par la force de ses biceps, lui enlace les muscles ou lui passe des crocs-en-jambe pour le faire succomber. On surveilla les allées et venues de l'armée anglaise sur le Saint-Laurent, mais on ne comprit pas les projets du général Wolfe.

Le 12 septembre, profitant de la nuit et trompant les sentinelles françaises, ou plutôt recevant de quelques déserteurs, par n'importe quel procédé, honnête ou malhonnête, les mots d'ordre, Wolfe débarqua ses hommes à l'anse du Foulon, et parvint dans la plaine d'Abraham avec une troupe formidable. La ruse, et la trahison de l'officier qui commandait le poste de l'anse du Foulon, servirent à merveille nos ennemis. Montcalm était loin de s'attendre à voir l'ennemi lui tomber par derrière, il se croyait couvert par Bougainville; mais celui-ci, en observant les manœuvres de Wolfe, s'éloigna de la ville, et ne put arriver à temps pour empêcher les Anglais de prendre position sur les hauteurs d'Abraham (1).

Wolfe était aux portes de Québec; pouvait-on impunément le laisser s'y fortifier et lui permettre d'y rassembler toutes ses forces? Évidem-

(1) Dussieux, *le Canada.*

ment, Montcalm, quoi qu'en aient dit certains historiens ou chroniqueurs malveillants, n'obéit pas à l'impétuosité du moment. Il crut avantageux pour lui de se dégager de ces troupes anglaises qui menaçaient la ville et pouvaient l'attaquer d'un moment à l'autre. Sa conduite était logique et commandée par les circonstances elles-mêmes. Attendre Bougainville et être rejoint par lui, n'était-ce pas ce que souhaitait Montcalm et ce qu'il supposait? Mais il était écrit que le Canada succomberait dans cette lutte aussi longue qu'inégale. Québec devait être le tombeau de Montcalm après avoir été pendant quatre années le théâtre de ses exploits.

Dès le 13 au matin, Montcalm monte à cheval et marche l'épée haute contre l'ennemi, à la tête seulement de quelques milliers de braves. L'armée anglaise était rangée en bataille dans les plaines d'Abraham, depuis le lever du jour. Le signal du combat fut donné; un choc épouvantable se produisit aussitôt. La mêlée fut terrible; on se battit presque corps à corps. Nos soldats, emportés par une furie incroyable, se battirent en désespérés et vinrent, pour la plupart, tomber aux pieds des Anglais. Les balles sifflaient de tous les côtés. L'armée anglaise, forte de sa masse et solidement préparée à cette attaque, résista énergiquement, et prit le dessus dès le début de la bataille. Wolfe, à la tête des grenadiers de Louisbourg, ordonna une charge à la baïonnette et s'élança lui-même courageusement dans la mêlée. Plusieurs balles l'atteignirent à la poitrine et il tomba bientôt foudroyé. Avant d'expirer, il apprit que l'armée anglaise était victorieuse et que les Français fuyaient déjà : « Je meurs content, » dit-il alors. Ce furent ses dernières paroles.

Nos soldats, malgré leur bravoure, furent écrasés par le nombre et contraints de reculer à plusieurs reprises. Montcalm, qui s'était aperçu de la supériorité des Anglais et qui voyait déjà ses troupes battre en retraite, résolut de tenter un suprême effort. A cet effet, il rassembla les restes épars de son armée et chercha à disputer à la mort les quelques bataillons incomplets qui lui restaient encore. Mais les intrépides montagnards écossais s'étaient élancés à la poursuite de nos vaillants soldats et les mettaient en pleine déroute.

Au moment où il se retirait avec ses troupes, Montcalm, qui avait déjà été blessé, reçut encore une balle dans les reins. Le valeureux général put se soutenir à cheval et rentrer à Québec, escorté par ses grenadiers. Sa grande préoccupation, en apprenant que sa blessure était mortelle, consistait à *ne pas voir les Anglais dans Québec* (1). Son désir se trouva satisfait, car, malgré tous les soins des chirurgiens, il mourut le lendemain, 14 septembre 1759, à 4 heures du matin. Avant de mourir, il avait fait ses adieux à ses troupes et aux officiers qui l'avaient brillamment secondé pendant cette campagne. Il pensa sans doute aussi à Candiac, à sa famille, qu'il ne verrait plus, et n'oublia pas le Canada vaincu. Le successeur de Wolfe reçut une lettre de Montcalm mourant, dans laquelle le brave soldat lui recommandait d'avoir des égards pour les Canadiens vaincus et de traiter avec humanité les prisonniers français (2). Le soir, on l'enterra avec pompe dans la chapelle des Ursulines de Québec. Les officiers et les soldats pleurèrent leur chef bien-aimé; les habitants regrettè-

(1) Paroles prononcées avant sa mort.

(2) Voici ce document précieux :

« Général, l'humanité des Anglais me rassure sur le sort des « prisonniers français et sur celui des Canadiens. Ayez pour ceux-ci « les sentiments qu'ils m'avaient inspirés. Qu'ils ne s'aperçoivent « pas qu'ils ont changé de maître. Je fus leur père, soyez leur « protecteur. »

rent vivement leur vaillant et courageux défenseur. La ville, à la mort de Montcalm, se trouva dans la consternation et l'épouvante; tout le monde entrevoyait déjà les conséquences d'un pareil désastre. On ne savait que faire, tellement ce coup terrible et inattendu venait de paralyser les esprits et les volontés. Telle fut cette bataille qui mit aux prises deux chefs incomparables, jeunes tous les deux, patriotes et dévoués à la cause qu'ils avaient mission de défendre. Wolfe et Montcalm se sont immortalisés sur les hauteurs d'Abraham, à quelques mètres de Québec. Par sa victoire, Wolfe a conquis pour l'Angleterre le Canada et anéanti notre influence en Amérique; par sa mort héroïque, Montcalm, abandonné par la métropole, s'est enseveli sous les ruines d'une colonie chancelante, affaiblie et incapable de résister plus longtemps à l'ennemi. Saluons ces deux héros que le hasard de la guerre réunit dans un sort commun, dans une gloire identique; admirons leur belle conduite et leur mort héroïque, et inspirons-nous de leurs dernières paroles et du courage avec lequel ils moururent tous les deux!

CHAPITRE XVI.

Capitulation de Québec. — Vains efforts du courageux de Lévis. — Retraite des Français. — Effondrement de la colonie française. — Noble conduite des compagnons de Montcalm.

Après la mort de Montcalm, les troupes françaises se retirèrent à Jacques-Cartier, où de Lévis prit le commandement en chef. En l'absence de Bougainville et de Lévis, dignes émules de Montcalm, officiers d'un rare mérite et d'un dévouement à toute épreuve, le gouvernement de Québec restait aux mains de gens incapables et impuissants pour organiser la défense de cette place. Une garnison de 1,760 hommes, composée en partie de miliciens, y fut maintenue. M. de Ramezay, créature de M. de Vaudreuil, homme faible et privé de toute initiative, fut appelé au périlleux honneur de la commander et de diriger les préparatifs du siège. De graves mécontentements s'élevèrent bientôt dans la ville. Les miliciens manifestèrent leur refus de combattre. Les habitants, qui manquaient de vivres, poussaient le gouverneur à la capitulation. M. de Vaudreuil, qui aurait dû s'efforcer de relever les courages abattus, redresser les défaillances passagères et soutenir de son autorité le commandant de la place, conseilla au contraire à ce dernier de se rendre à bref délai. Le 18 septembre, M. de Ramezay arbora le pavillon blanc et capitula sans livrer de bataille, sans tenter le dernier effort des patriotes désespérés. Les Anglais, qui se disposaient à faire le siège de Québec, furent étonnés et ravis de cette capitulation inespérée.

Le lendemain de ce jour néfaste pour nos armes, jour de lâcheté et de trahison où l'on vit un chef de troupes céder avec complaisance aux mécontentements de quelques miliciens indisciplinés, un gouverneur français conseiller la capitulation d'une ville défendue par des fortifications, de Lévis marchait sur Québec pour la secourir et la protéger contre l'attaque de l'ennemi. C'était trop tard! Les événements conspiraient contre nous, et l'incapacité d'un officier, la lâcheté d'un gouverneur ne faisaient qu'aggraver une situation déjà mauvaise par elle-même.

Qu'il est regrettable que le brave de Lévis n'ait

pu arriver à temps! Qui sait ce qu'il fût advenu du Canada, si cet officier dévoué avait pu prendre possession de Québec le 18, avant la capitulation? Évidemment il aurait organisé la défense, résisté aux coups de l'ennemi pendant un certain temps; peut-être même, aurait-il culbuté les Anglais! Nos faibles troupes se seraient encore couvertes de gloire et, par leur courageuse résistance, elles auraient appris aux Anglais que tout n'était pas mort avec Montcalm. Les habitants encouragés, les miliciens satisfaits par cette résistance, le Canada tout entier renaissait à l'espérance de meilleurs jours. Tout cela ne devait pas se produire. Le destin avait marqué le jour de mort pour notre pauvre et malheureuse colonie! Privés des ressources nécessaires à l'existence, sans habitations, errants dans la campagne ravagée, pillée, en proie à la misère, aux maladies de toute sorte, les Canadiens souffraient horriblement.

Partout la guerre avait semé la désolation, la famine et la terreur. Officiers et soldats s'étaient battus avec rage sous les ordres de Montcalm et de Bourlamaque. Quelques poignées de Français avaient suffi pour faire trembler des milliers d'Anglais bien disciplinés et bien armés. Mais partout la quantité avait tué la qualité. Et, malgré le dénuement extrême dans lequel on se trouvait, malgré la famine et la misère qui sévissaient avec intensité, malgré les nombreuses défaites que notre armée avait essuyées sur tout le territoire canadien, de Lévis et de Bourlamaque organisaient encore la lutte, préparaient la résistance et rêvaient de s'emparer de Québec. C'était beaucoup oser évidemment; mais à quoi n'arrive pas l'homme audacieux et dévoué, le soldat décidé à tout entreprendre? De Lévis rassembla ses troupes à Montréal durant l'hiver de l'année 1760. 5,000 soldats, comprenant des réguliers, des miliciens, des Acadiens et des sauvages, furent armés et équipés tant bien que mal. On les habitua aux privations de toute sorte, aux exercices de guerre. Leur courage fut mis à toutes les épreuves et leur patriotisme eut à subir beaucoup de déboires.

Le 28 avril, de Lévis parut devant Québec avec ses troupes, et livra bataille au général Murray sur le plateau d'Abraham, témoin naguère des exploits et de la mort glorieuse de Montcalm et de Wolfe. La mêlée fut terrible, le combat opiniâtre et sanglant. Nos grenadiers succombèrent presque tous sous la mitraille ennemie. Nos soldats résistèrent longtemps au feu de l'artillerie anglaise et mirent en déroute les troupes du général Murray. M. de Bourlamaque fit culbuter les Anglais à coups de baïonnette, cette arme si terrible dans les mains des soldats français. L'armée anglaise se retira à Québec, qu'essaya de prendre de Lévis, le 11 mai suivant. Le 16, après une lutte acharnée et inégale pour nos armes, les Français se retirèrent à Montréal, abandonnant le siège de Québec. De Lévis organisa alors la défense de cette ville et résolut de résister, le plus longtemps possible, aux 20,000 Anglais qui n'allaient pas tarder à l'assiéger, et à leur formidable et puissante artillerie. Les fortifications de Montréal étaient dérisoires et à peu près nulles, mais l'énergie de ses défenseurs n'avait pas de bornes. De Lévis animait ses soldats des plus viriles espérances et faisait partager à ses troupes son patriotisme ardent et son courage à toute épreuve.

Mais pendant que cet officier travaillait au salut du Canada et cherchait à réunir les épaves de ce grand vaisseau à moitié englouti dans les flots anglais, un homme conseillait la capitulation de Montréal et semblait désirer ainsi la perte de la colonie. Cet homme, en qui s'incarnèrent toujours la faiblesse, l'incapacité et l'inertie, était le gouverneur

M. de Vaudreuil. Fort de l'approbation qu'il avait obtenue des membres importants de la colonie, réunis dans un conseil de guerre, et croyant à la loyauté et aux promesses du général Amherst, il demanda et obtint la capitulation. De Lévis protesta et refusa énergiquement de se soumettre à cet acte de lâcheté. Le 8 septembre 1760, le Canada tombait définitivement aux mains des Anglais. La colonie changeait de maître, son territoire d'habitants. Les braves défenseurs de la Nouvelle-France, ceux qui avaient juré de s'ensevelir sous ses ruines, fuyaient cette colonie perdue qu'ils avaient tant aimée et pour laquelle ils avaient souffert et lutté très longtemps.

De Lévis se refusait à ce marché odieux proposé par M. de Vaudreuil, et se retirait à l'île de Sainte-Hélène avec 2,200 hommes qui lui restèrent fidèles. Ainsi, pour éviter aux habitants de Montréal les horreurs d'un siège, il fallait capituler honteusement, subir le joug lourd et pesant des Anglais; abandonner Québec, Montréal, le Canada tout entier; rendre anglaise une colonie qui ne cessait de manifester son patriotisme pour la France, qui donnait chaque jour de nouvelles preuves de cet amour ardent qu'elle professa toujours et qu'elle professe encore pour nous. Il est temps enfin de se demander à qui incombent les responsabilités et de désigner les coupables! Avant de terminer cette biographie, nous tenons à énumérer certains griefs adressés à Montcalm par les inhabiles et les incapables qui gouvernèrent la colonie, par les gens véreux et les pillards qui ruinèrent sa richesse commerciale et industrielle, qui l'affamèrent avec intention et la mirent dans l'incapacité de supporter une lutte toujours inégale, toujours opiniâtre. C'est avec douleur que nous aborderons ces considérations dernières qui clôtureront notre récit, et que nous dégagerons de toutes ces machinations, ourdies contre ce qu'il y eut de plus noble, de plus viril, de plus patriote dans la colonie, par ce qu'il y eut de plus bas, de plus mesquin, de plus fourbe, la mâle et grande figure de Montcalm, ce martyr immolé sur le champ de bataille, ce héros qui succomba avec courage et qui ne survécut pas à la défaite de l'armée française et à la ruine du Canada (1). S'il eût vécu, il est certain que la Nouvelle-

(1) L'historien américain Bancroft a tracé un portrait admirable de Montcalm que nous tenons à reproduire :
« Infatigable au travail, juste, désintéressé, toujours rempli « d'espérance et quelquefois jusqu'à la témérité, sage dans les « conseils, actif dans l'action, c'était une source continuellement

France ne serait pas devenue anglaise. Montcalm vivant aurait défendu Québec, Montréal et le Canada tout entier. On aurait eu beau lutter contre lui avec des troupes supérieures, avec des parcs d'artillerie abondants, on ne fût jamais arrivé à vaincre son patriotisme. Cet homme de génie, ce patriote expérimenté, aurait trouvé des moyens de résistance inespérés et de nature à prolonger longtemps encore l'agonie de la colonie. Mais avec sa mort tout s'est écroulé, tout a sombré, malgré le pilote habile incarné dans la personne de M. de Lévis. Et d'ailleurs le Canada, pouvait-il survivre à la mort de Montcalm, lorsqu'il avait contre lui les Anglais et le gouvernement français qui l'abandonnait complètement ?

« jaillissante de hardis projets. Sa carrière au Canada fut une « inexorable destinée. Il supportait avec une égale patience la « faim et le froid, les veilles et les fatigues. Plein de sollicitude « pour ses soldats, il ne pensait pas à lui. Souvent il apprit aux « sauvages américains à s'oublier et à tout souffrir, et, au milieu « d'une corruption générale, il ne chercha jamais que l'intérêt de « la colonie. »

CHAPITRE XVII.

Considérations sur la perte du Canada. — L'œuvre de Montcalm. — Riel, patriote et prophète. — Craintes des Anglais. — Mort de Riel. — Le parti français. — Manifestations bruyantes et hostiles à l'Angleterre. — Opinion de la presse.

Après avoir possédé le Canada pendant près d'un siècle et demi, après y avoir enfoui des sommes considérables pour le garantir contre l'invasion anglaise, après en avoir fait le théâtre glorieux des exploits de nos soldats, le gouvernement français le cédait à l'Angleterre. En un seul jour, notre colonie d'Amérique subissait le joug anglais. En France, on paraissait peu ému des clauses terribles du traité de Paris, qui nous chassait de l'Amérique. Le roi Louis XV le signa, sans que le souvenir de son illustre aïeul Henri IV, qui avait toujours favorisé l'expansion française en Amérique, obsédât sa mémoire. Ce fut d'une main assurée que ce monarque, tout entier à ses plaisirs et à ses honteuses passions, rayait d'un trait de plume tout le passé de la Nouvelle-France, les beaux faits d'armes de ses enfants, le patriotisme de ses chefs, la mort héroïque de Montcalm. Et le peuple, inconscient, se réjouissait du traité de paix et dansait autour de la statue équestre du roi (1). Pendant une journée et une nuit entière, toute la population de la capitale, se livra à des réjouissances publiques. Les grands seigneurs admis à la cour étaient heureux du traité de paix qui garantissait désormais au royaume une existence paisible et une vie facile. La guerre est un trouble-fête, un ennui mortel pour certains favorisés de la fortune, qui sacrifient à l'amour de la patrie leur joyeuse existence. Ils préféraient, assurément, les distractions abondantes, les réunions pompeuses et galantes, le faste de cette cour parfumée qui emplissait le château de Versailles du bruit de ses folies et de ses horreurs.

Dans la Nouvelle-France, délaissée pendant de longues années, au milieu de ces populations en deuil, désespérées de se voir trahies de la sorte, on pleurait encore, on pleurait toujours. Ils furent

(1) *Montcalm et le Canada français*, par de Bonnechose, page 164.

longtemps inconsolables, ces pauvres colons d'Amérique qui avaient vécu toute leur vie avec un amour profond pour la France, qui aimaient tout ce qui venait d'elle, et qui n'avaient jamais désespéré de la mère patrie. Tant que Montcalm vécut, ils rejetèrent les propositions des Anglais. Mais une fois le *général* mort, ils constatèrent l'indifférence du gouvernement français, sa mauvaise volonté à les secourir, les rapines dont les avaient accablés les fournisseurs et les fonctionnaires, le peu de patriotisme chez quelques chefs civils et militaires; et ce fut alors qu'abattus, découragés, irrités presque d'avoir tant souffert et d'avoir tant aimé la France, ils prêtèrent l'oreille aux séductions du grand ministre anglais Pitt, qui, à force de promesses et de traités à double entente, parvenait à se faire idolâtrer.

Ces Franco-Canadiens se soumirent au vainqueur; mais, en se soumettant, ils ne se donnèrent pas tout entiers, ils conservèrent toujours au fond de leur cœur la même affection, le même dévouement pour la vieille patrie française, et comme leurs pères ils l'aimèrent avec passion, avec joie, caressant encore l'espérance de retourner un jour à elle et de redevenir ses enfants, ce qu'ils restèrent constamment. Ce jour du retour à la patrie, ils le désirèrent ardemment, car ils se firent difficilement à cette idée que la France les oublierait toujours; ils pensaient, dans leur naïveté patriotique, qu'un jour ou l'autre leurs frères de France viendraient les affranchir du joug anglais et leur rendraient ainsi leur première qualité. Quelle ne fut pas leur douleur, et combien fut poignant leur désespoir en se voyant désormais abandonnés et définitivement rivés à la domination anglaise! Quel cruel châtiment, aussi injuste qu'immérité, infligé à ces braves Franco-Canadiens!

Le Canada avait servi à illustrer nos troupes, à exercer leurs qualités maîtresses dans l'art de la guerre et à mettre en relief de nombreux officiers. L'ovation que l'on fit en France à Lévis débarqué prouve qu'au milieu de l'indifférence publique il y avait encore des âmes élevées et patriotiques qui comprenaient que l'honneur n'avait pas été perdu avec notre colonie américaine. Bourlamaque et Bougainville continuèrent à se distinguer dans les diverses fonctions auxquelles ils furent élevés.

En confiant des titres, des grades, des récompenses à ces derniers survivants de la Nouvelle-France, à ces courageux défenseurs de notre colonie perdue, à ces braves soldats, dignes émules de Montcalm, le gouvernement français proclamait hautement son admiration pour le courage et le culte du patriotisme. Mais que de crimes il avait à se reprocher, que de fautes à avouer, que d'actes blâmables volontairement accomplis, quelle lourde et cruelle responsabilité à encourir devant la postérité!

On peut, maintenant que les événements se sont accomplis, que les États-Unis d'Amérique ont conquis leur indépendance, mesurer l'étendue de la perte que nous avons faite en cédant, par le traité de 1763, le Canada à l'Angleterre. Nous sommes en droit, et nous avons le devoir, de proclamer la lâcheté de la mère patrie à l'égard de sa colonie, la faiblesse, le peu de patriotisme de nos gouvernants de l'époque, qui ont permis que notre influence en Amérique fût anéantie. En vain la monarchie a essayé, plus tard, de réparer la faute de la monarchie en nous donnant une belle et immense colonie (1), en nous faisant faire d'autres conquêtes, elle n'est point parvenue à effacer cette tâche de notre histoire coloniale. Vainement

(1) L'Algérie, conquise en 1830 par le roi Charles X.

aussi ses historiens ont fait valoir l'affaiblissement de l'élément militaire en France vers 1760, afin d'amoindrir, et de dissiper même, les responsabilités de Louis XV. Rien, absolument rien ne saurait absoudre ce roi incapable et frivole, ni ses ministres imprudents, qui ne surent point porter remède au mal, ni secourir notre colonie agonisante.

L'œuvre est depuis longtemps achevée. Le Canada, devenu anglais, au moins en apparence, ne compte plus au nombre de nos possessions coloniales. Cet immense territoire, que Champlain avait si bien administré et sur lequel il avait si souvent fondé les plus grandes, les plus légitimes espérances, appartient à un autre maître, obéit à d'autres lois. Mais ce qui nous console du passé, ce qui raffermit nos espérances, c'est de savoir que là-bas, sur ces rives du Saint-Laurent qu'habitèrent nos pères, les géants des batailles, ces chevaliers courageux, vivent des descendants de leur grandeur, de leur héroïsme, qui aiment comme eux l'ancienne, la belle patrie française. Nous sommes heureux d'apprendre que notre langue, nos mœurs, notre fierté, notre franchise, notre élégance même, ont été conservés dans ce pays qui fut le nôtre, sur cette terre où s'illustrèrent les enfants de la vieille France. Nous aimons à relire les écrits de ces braves Franco-Canadiens qui, par leurs élans patriotiques, par leurs revendications incessantes de leur première origine, par leur constant dévouement à la France, montrent, de la façon la plus catégorique, que des cœurs amis battent avec force sur les bords des grands lacs autrefois les témoins de nos victoires.

L'œuvre accomplie par Montcalm ne périra jamais. Elle a déjà porté ses fruits, malgré la perte du Canada; elle lui a survécu, et se perpétue encore au milieu de ces populations franco-canadiennes qu'il savait si bien subjuguer, et qu'il menait si souvent à la victoire. Le sauvage n'est point ingrat, il oublie difficilement. Que de fois, dans ces pauvres et misérables cabanes de paysans canadiens, à qui la vie est dure et pénible, les voyageurs ont aperçu la trace du passage et du séjour des Français! Chez les uns, on retrouve un vieux sabre conservé religieusement; chez d'autres, c'est un guidon qui porte encore l'indication du régiment auquel il appartenait; chez tous, on aperçoit et on constate l'image de la vieille patrie française vivante et gravée dans leurs cœurs.

Parlez-leur de Montcalm, de Bourlamaque et de Lévis, et aussitôt leurs yeux brilleront et des étincelles de feu jaillissantes donneront à leur physionomie animée une expression insaisissable qui tient le milieu entre l'espérance et le regret. Espérance sans doute pour ces descendants de ces Français généreux de redevenir ce que furent leurs pères; regret d'avoir perdu cette qualité et d'appartenir à l'Angleterre qu'ils exècrent. Oui, ces Franco-Canadiens pensent à nous et nous aiment encore. Ils ont oublié depuis longtemps l'ingratitude de la mère patrie. En présence des persécutions anglaises, des mauvais traitements, des vexations du gouvernement qu'ils ont subies, leur cœur a parlé, leur courage abattu s'est réveillé, l'espérance a lui. Ce peuple, grandi par le malheur, par l'adversité, a revendiqué ses droits à plusieurs reprises. Il a entrepris de grandes luttes politiques qui ont duré soixante-quinze ans, et, à force de travail et de courage, il est devenu, politiquement, commercialement, un des plus grands de l'univers (1).

Les tentatives qu'il a faites pour reconquérir son origine perdue, les manifestes qu'il a édités, les

(1) *Montcalm et le Canada français*, par de Bonnechose, p. 167 et 168.

revendications dont il a fait parade à plusieurs reprises depuis un siècle, démontrent hautement que dans un avenir peut-être peu éloigné le Canada deviendra libre. A l'exemple des États-Unis d'Amérique, il enlèvera de ses monuments cet emblème anglais qui les souille depuis trop longtemps déjà, et le remplacera par le drapeau français, ce drapeau tricolore qui a fait le tour du monde et qu'il a arboré dans ses manifestations publiques (1).

(1) Les Canadiens ont donné récemment une nouvelle preuve de leur amour pour la France. Ayant appris que le nom, « Nouvelle-France », donné à l'une des casernes de Paris, allait être, ou pouvait être supprimé, ils en ont réclamé le maintien. M. de la Brière, qui a plaidé leur cause avec beaucoup de patriotisme et de cœur, vient de recevoir du ministre de la guerre la lettre que nous nous empressons de reproduire, parce qu'elle démontre combien est vivace en France le souvenir de notre colonie perdue.

« Paris, 25 août 1886.

A Monsieur L. de la Brière.

« Monsieur, je viens de lire votre article, très touchant et très juste, sur le nom de « Caserne de la Nouvelle-France », qu'il serait question de changer. Vous invoquez des souvenirs qui ne s'effaceront pas, en me rappelant l'accueil que j'ai reçu au Canada, il y a quelques années; et vous feriez triompher la cause que vous plaidez si bien, si elle n'était gagnée d'avance.

« Dites à vos amis les Canadiens-Français, qui sont aussi les miens, que ce nom restera et que leur hôte de 1881 ne voudra pas effacer dans Paris ce témoignage de notre sympathie pour eux.

« Recevez, Monsieur, etc.

« Général BOULANGER.

(Voir le *Figaro* du 26 août 1886.)

L'Angleterre peut craindre pour l'avenir, car il est sombre est prophétique. Un homme se leva, il y a à peine deux années, et osa protester contre les actes répréhensibles du gouvernement anglo-canadien. Louis Riel, Franco-Canadien, métis de naissance, presque sauvage, religieux à l'excès, se croyait inspiré de Dieu et chargé par lui de délivrer le Canada du joug anglais. Il souleva les métis et les sauvages du nord-ouest. Il agita les villages et les villes babités par des Français. Il montra, par sa conduite et l'exemple qu'il ne cessa de donner à ses prosélytes, qu'il avait du sang français dans les veines. En peu de jours il devint le chef d'une insurrection formidable qui fit trembler l'opulente Albion.

L'armée anglaise, comme au temps de Montcalm, a lutté contre les troupes de Riel, formées à la hâte et bien disciplinées cependant. La cause défendue par ce Franco-Canadien a été perdue, mais ses effets ont porté leurs fruits. Le vieux patriotisme, le culte de la mère patrie s'est ravivé au cœur de ce métis. Un cri d'admiration, bientôt suivi d'un cri de douleur, a sillonné la vieille colonie française. Riel se constituait prisonnier et s'avouait vaincu. On devine la joie de la presse orangiste, qui suivait, avec un intérêt indescriptible, le sort des armes anglaises. Ce furent des cris de joie, des articles violents contre les organes de l'opinion française. Riel, d'après eux, devait être exécuté. On pensait bien tuer ainsi l'idée française et éteindre son influence.

Pendant plusieurs mois l'opinion publique fut divisée, dans ce pays à demi anglais, à demi français. Des meetings étaient organisés pour approuver l'œuvre et les actes du patriote français, des souscriptions ouvertes pour subvenir aux frais de sa défense. Des félicitations lui arrivèrent même dans sa prison. Un grand enthousiasme envahissait le cœur des Franco-Canadiens.

Les Anglais, au contraire, écartant l'état mental de Riel, demandaient justice et réclamaient vis-à-vis de lui la fermeté. Une lutte sanglante s'était engagée entre les races anglo-saxonne et française. L'animosité qui existe depuis longtemps ne faisait que donner de nouveaux éléments de discorde dans le duel entre deux nations rivales soumises à la même domination, aux mêmes lois. On pressentait déjà pour l'avenir de nouveaux combats, de nouvelles luttes. Les mécontentements des Français contre le gouvernement canadien, composé en grande partie de membres d'origine anglaise, éclataient au grand jour. Et, malgré tout ce débordement patriotique et antianglais, malgré cette crainte des troubles imminents, le chef du gouvernement colonial, sir John Macdonald, soutenu aux dernières élections par les Canadiens français, laissa exécuter Louis Riel.

Le condamné de Regina monta sur l'échafaud avec fermeté et courage, se souvenant de son origine et confiant dans la mission qu'il avait accomplie et qui ne devait pas manquer de produire tous ses effets.

A peine la justice anglaise venait de terminer son œuvre qu'un immense cri de douleur se fit entendre dans toutes les villes du Canada. Partout l'indignation et l'exaspération soulevèrent les consciences françaises. A Montréal, le drapeau anglais fut remplacé par le drapeau tricolore, sur l'ordre du conseiller municipal Robert, et malgré les protestations du maire et des autorités anglaises. Au Champ de Mars, les étudiants français organisèrent une manifestation en l'honneur de Riel (1). Tous se mirent

(1) Aussitôt après la mort de Riel, en novembre 1885, 106 réunions publiques, dites meetings d'indignation, eurent lieu ; des protestations vinrent même des États-Unis d'Amérique ; des messes furent dites en l'honneur de ce martyr ; 25 réunions brûlèrent les ministres en effigie.

en marche vers la place Victoria, précédés d'une bannière sur laquelle on lisait ces mots : *Riel, héros et martyr ;* éloquentes paroles dignes d'honorer un tel homme ! La foule grossit bien vite les rangs de cette jeunesse patriotique. Près de trente mille personnes ne craignirent pas d'affirmer leurs sentiments pour la France et de protester contre l'exécution de Riel. Arrivés au pied de la statue de la reine Victoria, les manifestants formèrent le cercle et y suspendirent le mannequin du chef des ministres, sir John Macdonald, qu'ils brûlèrent en effigie. Le même sort fut réservé à d'autres membres du ministère, indignes, comme ce dernier, des sympathies des Français. On chanta la *Marseillaise* dans la ville. Cet hymne national, chanté par nos glorieux ancêtres devant les armées étrangères conjurées contre nous, qui les conduisit si souvent à la victoire et à la mort, retentit dans les rues de Montréal et de Québec, semant dans le cœur de tous les Anglais la haine profonde et éternelle de la France canadienne.

Depuis ce jour, des manifestations bruyantes et antianglaises se sont produites sur tous les points du Canada. Tous les Français ont tenu à protester publiquement contre l'exécution de celui qu'ils ont regardé comme un patriote, un héros, un martyr. Le *Monde*, de Montréal, félicita le conseiller Robert de sa décision courageuse et patriotique en des termes éloquents que l'on doit reproduire : « Bravo, conseiller Robert! disait-il. Vous avez bien agi. Votre action est patriotique : le drapeau tricolore remplaçant le drapeau anglais, bravo! »

Et la *Presse*, de son côté, ajoutait ces paroles :

« Un patriote vient de monter au gibet pour un de ces crimes purement politiques auxquels les nations civilisées n'appliquent plus la peine de mort. Un pauvre fou vient d'être livré en holocauste à des haines sauvages, sans que même on ait daigné prendre le soin de s'assurer de son état mental. L'échafaud de Riel brise tous les liens de parti qui avaient pu se former dans le passé. Désormais il n'y a plus ni conservateurs ni libéraux; il n'y a que des patriotes et des traîtres, le parti national et le parti de la corde (1). »

Un meeting en plein air eut lieu à Montréal, quelques jours après l'exécution de Riel, auquel assistèrent tous les patriotes français. Il y fut décidé que le mot d'ordre était désormais : « *Guerre au*

(1) Correspondance reçue de Québec, à la date du 27 novembre 1885, par la *Gironde*.

gouvernement des bourreaux. » Un orateur déclara hautement la trahison et la forfaiture du parti anglais, et exprima les résolutions viriles adoptées par les chefs des partis français, tous unanimes et confondus dans un même sentiment. Un parti national français reçut une consécration officielle et une mission politique. Un manifeste fut rédigé. Il indiquait la politique des Canadiens français.

Comme on le voit, l'exécution de Riel a causé une émotion légitime et durable au Canada. Les solutions énergiques prises par les comités patriotiques des partis français semblent indiquer, d'une manière précise, qu'une lutte est désormais engagée entre l'élément français et anglais, lutte qui sera certainement de longue durée, mais qui profitera à nos frères d'Amérique. Tous nos vœux les accompagnent. Ils ont notre approbation et tous nos encouragements. Ils combattent pour une sainte et noble cause, la liberté : ils seront vainqueurs ! Ce n'est pas que nous espérions les voir revenir à nous. Telle n'est pas notre ambition. Le Canada est à tout jamais perdu comme colonie française. Mais du jour où il sera affranchi totalement de la domination anglaise, qu'il sera devenu complètement libre de son administration, qu'il aura proclamé la supériorité de la langue française, de nos nobles et libérales institutions, que le drapeau tricolore sera arboré sur tous les monuments de ses villes, nous pourrons nous flatter d'avoir donné naissance à un grand peuple, français comme nous, courageux comme ses ancêtres. La Nouvelle-France sera ressuscitée, et la république canadienne, unie par la langue, par le cœur, par les mœurs, à la République française dans une communauté de sentiments et d'idées, répandra en Amérique tous les bienfaits de la civilisation et les grandeurs de la mère patrie (1).

(1) De 1663 à 1670, 10,000 Français au maximum ont émigré au Canada. En 1760, ces Franco-Canadiens étaient au nombre de 70,000, et, à l'heure actuelle, la descendance de ces 10,000 émigrés a certainement atteint le chiffre de plus d'un million et demi d'individus de race française.

Au recensement de 1880, la population totale du Canada était de 4,324,810 habitants; sur ce nombre, il y en avait 1,298,929 d'origine française (*Census of Canada*, 1880-81, *tome* Ier, *Ottawa*, 1882). De plus, on sait qu'il existe un courant d'émigration assez fort entre le Canada et les États-Unis. Le nombre des Franco-Canadiens qui ont émigré aux États-Unis n'est indiqué ni dans les statistiques canadiennes ni dans les statistiques américaines; ce nombre est estimé par les uns à 200,000, par d'autres à 300,000, par d'autres encore à 500,000. Le nombre des Français qui ont émigré au Canada depuis la cession à l'Angleterre est très faible; en effet, sur ce nombre de 1,298,929 Canadiens d'origine française, il n'y en a que 4,389 nés en France. Les Canadiens d'origine française tiennent le premier rang; après eux viennent les Canadiens d'origine irlandaise, au nombre de 957,403; ceux d'origine anglaise, au nombre de 881,301; ceux d'origine écossaise, au nombre de 699,863; ceux

Ce jour-là nous dédommagera largement de la perte que nous avons faite, et Montcalm sera bien vengé.

d'origine allemande, au nombre de 254,319, etc. Bien que les caractères anthropologiques qui séparent les Canadiens de diverses origines soient peu marqués, les groupes se mélangent beaucoup moins qu'on ne croit : le pays d'origine, la langue, la race, la religion, les traditions, séparent les Canadiens de chaque nationalité. Ne voyons-nous pas, chez nous, des groupes de même sang, de même race, de même langue, comme les protestants par exemple, se maintenir indéfiniment ? Il y a quelques rares mariages mixtes, mais les enfants rentrent dans l'un ou l'autre camp et les groupes subsistent toujours.

Au recensement de 1870 (*Census of Canada*, 1870-71, *tome* Ier, *Ottawa*, 1873), sur un total de 3,485,761 habitants, les Canadiens d'origine française étaient au nombre de 1.082,940. Sur ce nombre, 2,899 seulement étaient nés en France. Les Canadiens d'origine irlandaise étaient au nombre de 846,414, ceux d'origine anglaise au nombre de 706,369, ceux d'origine écossaise au nombre de 549,946, ceux d'origine allemande au nombre de 202,991. En dix ans, l'augmentation de la population avait donc été de 19,9 p. 100 pour les Canadiens d'origine française, de 13,1 pour les Canadiens d'origine irlandaise, de 24,7 p. 100 pour les Canadiens d'origine anglaise, de 27,2 p. 100 pour les Canadiens d'origine écossaise, et de 25,2 p. 100 pour les Canadiens d'origine allemande. Ce sont là des augmentations énormes. Pour établir un terme de comparaison, nous ferons remarquer qu'en 65 ans (1821-1886), la population de la France n'a augmenté que de 16 p. 100. (Voir Dr J. Orgeas, son intéressant et magistral ouvrage ayant pour titre : *la Pathologie des races humaines et le problème de la colonisation*) 1 vol. in-8, Paris, 1886 ; Octave Doin), pages 307 et 308.)

CHAPITRE XVIII.

Honneurs décernés par le Canada à Montcalm. Jugement de la postérité.

Nous venons de voir les effets produits par l'influence française au Canada un siècle après la mort de Montcalm. Riel, armant les sauvages et les conduisant à la conquête de leurs droits politiques et de leur liberté, est aussi digne de notre admiration, de notre estime nationale, que toutes les peuplades sauvages et les bataillons de miliciens que Montcalm commanda jadis, et qui furent pour lui de puissants et solides auxiliaires.

Ce mouvement insurrectionnel, réprimé momentanément, prouve bien que tout n'est pas fini sur la terre canadienne. On luttera encore; mais à chaque nouvelle revendication, à chaque nouvelle lutte, on se reportera au siècle dernier, on fera revivre la mémoire, les exploits, les prodiges de valeur de notre héros. Le peuple franco-canadien se souviendra de lui, et les vieillards, décrochant du mur le vieux fusil français de jadis, feront passer dans l'âme de leurs enfants les élans patriotiques de leurs ancêtres. Les Franco-Canadiens vont et iront toujours en pèlerinage à la chapelle des Ursulines de Québec, où reposent les restes du glorieux général. L'épitaphe, gravée en 1831, qui se trouve dans le mur, au-dessus du tombeau de Montcalm, attirera sans cesse, l'attention de tout Français :

« Honneur à Montcalm. Le destin, en le privant de la victoire, l'a récompensé par une mort glorieuse. »

Ces belles paroles en disent plus que tous les discours et toutes les biographies possibles, elles sont le témoignage le plus vivant de l'héroïsme de celui que nous louangeons. Cette épitaphe frappera toujours les hommes de cœur et les patriotes. La postérité la conservera pieusement ; elle vénérera également ce lieu sacré où dort son dernier sommeil le héros du Canada. Partout, sur cette terre américaine, survit l'image de Montcalm. Le cœur des Franco-Canadiens garde précieusement son souvenir. Tout rappelle cette gloire disparue, cette figure mâle et héroïque. Les monuments eux-mêmes conservent les splendeurs de la colonie française. La population reconnaissante de Québec a élevé à Montcalm, en 1859, un monument funèbre sur lequel est gravée la fameuse inscription que composa, en 1761, l'Académie des inscriptions de Paris, sur le désir de Bougainville. Et, en 1827, le comte de Dalhousie, gouverneur des possessions anglaises, désireux d'honorer les deux martyrs des plaines d'Abraham et de les confondre dans le même concert de louanges, fit élever dans le jardin public de Québec un obélisque sur la façade duquel on lit ces mots :

« Mortem virtus, communem famam historia, monumentum posteritas dedit (1). »

Le voyageur qui entre dans la rade de Québec aperçoit aussitôt cet obélisque élevé, qui domine les hauteurs de la ville, et salue ainsi, dès son arrivée, son vaillant défenseur et le courageux général anglais qui n'eut pas le bonheur de s'en emparer. On le voit, le Canada a payé sa dette à Montcalm (2). Il a fait revivre sa mémoire et inscrit les traits les plus saillants de son existence sur des monuments

(1) Monument élevé à Wolfe et à Montcalm.

(2) M. Bernier, commissaire des guerres, écrivait, le 15 octobre 1759, au ministre de la guerre, en parlant de Montcalm : « M'est-il « permis de finir en jetant encore quelques larmes sur la tombe de « M. le marquis de Montcalm ? La colonie en pleurs en ressentira « longtemps la perte. Le militaire a perdu un protecteur zélé, qui « lui faisait trouver du charme dans les plus grandes fatigues par « le désir de mériter son éloge. »

funèbres. Qu'a fait la France de son côté ? A-t-elle pensé à ce glorieux et patriote officier; a-t-elle revendiqué comme sien le corps de Montcalm et, à l'exemple de l'Angleterre rendant à la dépouille de Wolfe rentrée sur le continent des honneurs solennels, a-t-elle songé à donner au défenseur de Québec une sépulture digne de lui ? Hélas, non! La mère patrie, il faut bien le dire, s'est montrée toujours ingrate envers lui, ingrate pendant qu'il défendait de son vivant la colonie attaquée, ingrate après sa mort. La France a laissé l'un de ses meilleurs enfants sur la terre d'exil, sur cette terre américaine qui a perdu sa première qualité, mais où battent encore tant de cœurs français. Pourquoi notre patrie, qui sait récompenser le courage, le patriotisme, qui a le monopole du souvenir, de la gratitude, s'est-elle oubliée envers Montcalm ? pourquoi la France n'a-t-elle pas fait ramener chez elle les restes de celui qui avait si vivement désiré revoir cette patrie bien-aimée pour laquelle il a lutté courageusement et est mort en héros ?

Je sais bien que cette noble et héroïque victime du devoir reçut, après sa mort, des marques de pitié et des regrets unanimes. Je sais que le roi gratifia la marquise de Montcalm d'une pension de 4,000 livres, qu'il accorda la même faveur à tous ses enfants, qu'enfin pendant la révolution une exception fut faite en faveur de la famille de Montcalm pour lui maintenir ses pensions (1). On n'ignore pas non plus que la justice frappa avec une rigueur méritée les auteurs des monopoles, les calomniateurs de Montcalm, tous les gens enfin qui, ayant exploité la colonie, vicié son administration par leur cupidité et leur manque de patriotisme, précipitèrent plus facilement sa chute. Le procès qui fut instruit au Châtelet pendant quinze mois, à la suite de l'arrêt rendu par le conseil d'État, et terminé le 10 décembre 1763, lava de toutes les souillures les hommes intègres, les véritables défenseurs de l'honneur de la Nouvelle-France, pendant que Bigot, Varin, Bréard, Cadet, Pénisseault, Maurin, et d'autres encore, déclarés coupables, furent bannis du royaume pour un délai plus ou moins long et se virent condamnés à restituer en partie les

(1) Au moment où l'Assemblée nationale mettait en question la suppression des pensions accordées par le roi, M. de Noailles réclama une exception en faveur de la famille de Montcalm. « Ses services, « dit-il, ont fait connaître son nom dans les deux mondes. Sa valeur « et ses talents militaires ont honoré les armées françaises. » Cette demande fut écoutée avec empressement. Un des fils de Montcalm, membre de l'Assemblée, monta à la tribune et remercia les représentants de la nation au nom de ses frères et de sa sœur.

sommes volées par eux dans l'exercice de leurs fonctions.

Le gouverneur de Vaudreuil fut déchargé de l'accusation, mais il n'en comparut pas moins devant les magistrats pour rendre compte de ses actes. On put se convaincre alors de la fausseté de ses jugements sur les affaires et les hommes de la colonie. En présence de cette équipée d'escrocs et de forbans qu'il honora toujours de sa confiance et qu'il recommanda à plusieurs reprises au ministre, il est facile de comprendre que cet homme aux intentions peut-être pures, aux sentiments honnêtes, fut l'objet de la plus grande des méprises et qu'il dut se repentir amèrement d'avoir porté ombrage à la considération de Montcalm.

Malgré l'acquittement dont il bénéficia, il n'en reste pas moins responsable, devant la postérité, pour les torts qu'il eut à l'égard de Montcalm, dont il entrava les projets militaires et la mission. Mais celui qui mérite le plus d'être flétri par la postérité, d'être cloué au pilori de l'histoire coloniale de la France, c'est l'intendant Bigot, le principal coupable, le sinistre larron, qui ne craignit pas, afin de dissiper les responsabilités qu'il avait encourues, de produire un mémoire justificatif dans lequel, avec un cynisme révoltant, il traitait le brave Montcalm de *délateur*.

On est frappé de stupeur et on rougit à la seule pensée qu'il se soit trouvé un homme, un Français (il faut bien le dire, quoique la vérité soit cruelle à confesser), assez lâche, assez vil, pour attaquer Montcalm, pour l'accuser publiquement et offenser la mémoire de ce héros mort au champ d'honneur. On comprend l'indignation que ce mémoire fit éclater dans la famille du général. La vieille marquise de Saint-Véran, qui aimait son fils d'un amour tendre et passionné, qui n'avait cessé de correspondre avec lui, qui suivait pas à pas les moindres actes de sa vie, qui avait jugé enfin la conduite de celui qui avait tout sacrifié pour son pays, ne put se consoler de ce dernier coup porté à la mémoire de son valeureux enfant.

Cette injure, qui n'a laissé aucune empreinte et qui n'a jamais et ne sera jamais relevée, parce qu'elle est fausse, injuste et odieuse, abrégea sa vie de plusieurs années, et fit couler d'abondantes larmes aussi à cette mère de famille qui avait épousé le défenseur du Canada.

Qu'ils se consolent, tous les descendants de Montcalm. Sa mémoire n'a jamais été ternie, sa gloire

12

est pure, sa vie sans tâche. Homme de cœur, homme de devoir, patriote exalté, officier de grande valeur, tacticien habile, tel fut leur ancêtre, tel nous le considérons, tel il restera toujours.

Au Canada comme en France, on l'honorera au Panthéon des grands hommes, et son nom glorieux trouvera aisément une place à côté des grands capitaines et des généraux illustres dont notre pays est fier. Aussi vaillant que Turenne et Condé, aussi patriote que Hoche et Marceau, cette figure énergique ne disparaîtra pas de notre histoire; de même que Vercingétorix illustra la Gaule, de même que Washington immortalisa les États-Unis d'Amérique auxquels il donna l'indépendance et la liberté, Montcalm, lui aussi, défendit le Canada et sut attirer sur son nom, par ses nombreuses victoires et par sa mort héroïque, cette consécration glorieuse que nulle puissance au monde ne pourrait lui ravir!

FIN.

TABLE DES MATIÈRES.

Pages.

FIN DE LA TABLE DES MATIÈRES.

LIBRAIRIE COLONIALE. — CHALLAMEL AINÉ, 5, rue Jacob, à Paris.

Le Canada et l'Émigration française, par Frédéric Gerbié, in-8°, avec cartes et gravures, 12e édition, 1885 .... 8 fr. »

Bolivia. Sept années d'explorations, de voyages et de séjours dans l'Amérique australe, par André Bresson, préface par M. Ferdinand de Lesseps. Un vol. grand in-8°, avec 30 planches, 77 vignettes, 9 cartes et une vue panoramique du canal de Panama. Broché .... 20 fr. »
Relié demi-chagrin, fers spéciaux .... 30 fr. »

Guadeloupe physique, politique, économique, avec une notice historique, par A. Bouïnais, capitaine d'infanterie de marine, 1 volume in-8°, 1882 .... 2 fr. 50

Carte de la Guadeloupe, par A. Bouïnais, une feuille, 11 couleurs. 3 fr. »
Le volume et la carte pris ensemble .... 5 fr. »

Avenir de la Guyane française, par Prosper Chaton, ancien consul de France au Brésil, 1 vol. in-8° .... 2 fr. »

Mexique et Californie, souvenirs et descriptions, par Émile Castets, 1 vol. in-8°, 1886 .... 3 fr. »

Histoire du canal de Panama, par Augustin Garçon. Lettre-préface de M. Ferdinand de Lesseps (couronnée par la Société des études historiques), in-8°, avec une vue panoramique du canal, en couleurs. 3 fr. »

La Marine française au Mexique, par le commandant Rivière, in-8°, 1881 .... 5 fr. »

Saint-Domingue, Étude et solution nouvelle de la question haïtienne, par M. R. Lepelletier de Saint-Rémy, 2 vol. in-8°, avec cartes. 15 fr. »

La Guerre d'Amérique, résumé des opérations militaires et maritimes, par Arthur Kratz, in-8°, avec 3 cartes .... 3 fr. 25

Le Pérou avant la conquête espagnole, d'après les principaux historiens originaux et quelques documents inédits sur les antiquités de ce pays, par Ernest Desjardins, professeur d'histoire, in-8° .... 4 fr. »

Notices coloniales, publiées à l'occasion de l'Exposition d'Anvers, par le ministère de la Marine, 3 vol. in-8°, avec 25 cartes. Imprimerie Nationale, 1886 .... 25 fr. »

TYPOGRAPHIE FIRMIN-DIDOT. — MESNIL (EURE).

www.ingramcontent.com/pod-product-compliance
Ingram Content Group UK Ltd.
Pitfield, Milton Keynes, MK11 3LW, UK
UKHW020245180726
13839UKWH00001B/174